Flash Baby

Flash Baby

Wie du ein erfolgreiches Model wirst!

Fabiola Giunco

Bibliografische Information der Deutschen Bibliothek
Die Deutsche Nationalbibliothek verzeichnet diese Publikation in der Deutschen Nationalbibliografie. Detaillierte bibliografische Daten sind im Internet über **http://dnb.d-nb.de** abrufbar.

1. Auflage 2016

© 2016 Fastlane Verlag, Ludwigsburg
Inhaber: Ron Giunco
Webseite: www.fastlane-verlag.de
E-Mail: kontakt@fastlane-verlag.de

Korrektorat:	Ron Giunco, Corinna Di Campli
Lektorat:	Ron Giunco, Corinna Di Campli
Satz:	Ron Giunco, Corinna Di Campli
Umschlagkonzept:	Fabiola Giunco
Umschlagfoto:	Maximilian Kamps
Umschlaggestaltung:	Panagiotis Adamopoulos
Druck:	Amazon Distribution GmbH, Leipzig

Printed in Germany

ISBN Print 978-3-946882-00-8
ISBN Hörbuch (CD) 978-3-946882-01-5
ISBN E-Book (PDF) 978-3-946882-10-7
ISBN E-Book (EPUB, Mobi) 978-3-946882-11-4
ISBN Hörbuch (MP3) 978-3-946882-12-1

Weitere Informationen zum Verlag finden Sie unter:
www.fastlane-verlag.de

Haftungsausschluss:
Dieses Buch enthält Meinungen und Ideen der Autorin und hat die Absicht, Menschen hilfreiches und informatives Wissen zu vermitteln. Die enthaltenen Strategien passen möglicherweise nicht zu jedem Leser und es gibt keine Garantie dafür, dass sie auch wirklich bei jedem funktionieren. Die Benutzung dieses Buches und die Umsetzung der darin enthaltenen Informationen erfolgt ausdrücklich auf eigenes Risiko. Die Autorin und der Verlag können für etwaige Schäden jeder Art aus keinem Rechtsgrund eine Haftung übernehmen. Haftungsansprüche gegen die Autorin und den Verlag für Schäden materieller oder ideeller Art, die durch die Nutzung oder Nichtnutzung der Informationen bzw. durch die Nutzung fehlerhafter und/oder unvollständiger Informationen verursacht wurden, sind grundsätzlich ausgeschlossen. Das Werk inklusive aller Inhalte wurde unter größter Sorgfalt erarbeitet. Die Autorin und der Verlag übernehmen jedoch keine Gewähr für die Aktualität, Korrektheit, Vollständigkeit und Qualität der bereitgestellten Informationen. Druckfehler und Fehlinformationen können nicht vollständig ausgeschlossen werden. Es kann keine juristische Verantwortung sowie Haftung in irgendeiner Form für fehlerhafte Angaben und daraus enstandenen Folgen von der Autorin und vom Verlag übernommen werden.

Copyright:
Das Werk einschließlich aller Inhalte ist urheberrechtlich geschützt. Alle Rechte, insbesondere das Recht der Vervielfältigung und Verbreitung sowie der Übersetzung, vorbehalten. Kein Teil des Werkes darf in irgendeiner Form (durch Fotokopie, Mikrofilm oder ein anderes Verfahren) ohne schriftliche Genehmigung des Verlages reproduziert oder unter Verwendung elektronischer Systeme gespeichert, verarbeitet, vervielfältigt oder verbreitet werden.

Inhaltsverzeichnis

1. Mein Weg nach Oben..13
2. Die Modelversity...27
3. Optimale Voraussetzungen –
   Hast du das Zeug zum Modeln?....................................33
   3.1 Gutes Aussehen allein reicht nicht aus...................33
   3.2 Das Gesamtbild muss stimmen..............................38
   3.3 Das perfekte Alter...42
4. Jeder kann modeln –
   Die verschiedenen Modelnischen..................................47
   4.1 Klassische Bereiche...47
   4.2 0815 war gestern! Das Business bietet immer
       mehr Möglichkeiten..53
5. Der Einstieg in die Modelbranche.................................61
   5.1 Die Modelagentur..61
   5.2 Wie du als Freelance Model Karriere machst.........73
   5.3 Modelwettbewerbe, Castingshows und
       Misswahlen als Weg zum Erfolg?..........................77
6. Das [erste] Fotoshooting..85
   6.1 Gut vorbereitet starten..85
   6.2 Ein aufregender Tag...88
   6.3 Wer kommt für die Kosten auf?.............................91
7. Teamwork – Keine Produktion ohne Kollegen..............95
8. Ein sehr abwechslungsreicher Job –
   Die verschiedenen Auftragsarten..................................111
9. Jobs ergattern und gutes Geld verdienen.....................127
   9.1 Dein Arbeitsmaterial..127
   9.2 Das Model-Casting..133
   9.3 Tipps und Tricks..139
10. Beauty, Fitness, Ernährung, Styling –
    Dein persönlicher Modellook....................................145
    10.1 Beauty...145
    10.2 Fitness...152

10.3 Ernährung..153
10.4 Styling...155
11. Der Schlüssel zum Erfolg – Dein Image...................163
  11.1 Professionelles Verhalten..............................164
  11.2 Imagewechsel als Sprungbrett?......................166
  11.3 Im Gespräch bleiben....................................167
12. Die dunklen Seiten der Glamourwelt.......................173
13. Kein Job für die Ewigkeit –
  Berufliche Absicherung und Alternativen..................191
  13.1 Schönheit ist vergänglich..............................191
  13.2 Alternative Berufe in der Branche...................193
14. Das Modellexikon –
  Fachbegriffe, die du kennen musst...........................203
15. Die Schritt für Schritt Anleitung............................213
16. Dankeschön...219
17. Dein nächster Schritt..223

Flash Baby

Eine Frau, die durch ihren Beruf als Model im Rampenlicht steht und sich von nichts und niemandem aus der Bahn werfen lässt. Stark, Selbstbewusst und Unverkennbar.

Foto: Maximilian Kamps
www.maximiliankamps.com

1. Mein Weg nach Oben

Wenn mich andere fragen, wie ich mit dem Modeln begonnen habe, muss ich klassischerweise nicht an mein erstes professionelles Fotoshooting oder an meinen ersten unterzeichneten Vertrag denken. Was mir sofort in den Kopf schießt, sind die Bilder meiner Kindheit. Ich erinnere mich daran, wie ich bereits im zarten Alter von 5 Jahren ständig fotografiert und gefilmt werden wollte. Keine Chance ließ ich mir entgehen, vor die Linse zu treten, auffällig zu posen und mich am Blitz der Kamera zu erfreuen – Und das ganz zur Belustigung meiner Familie und Freunde, die bereits früh ihre ersten Scherze darüber machten. Ein Model oder eine Schauspielerin würde ich später werden so sagten sie, während ich mich bei solchen Aussagen schüchtern hinter dem Rock meiner Mutter versteckte und insgeheim hoffte, dass ich sie später nicht enttäuschen würde. Auch im Kindergarten und zum Schulstart waren Aussagen darüber, dass ich später einmal in der Öffentlichkeit arbeiten würde, keine Seltenheit. Erzieher, Lehrer und Freunde spürten etwas, das ich selbst in diesem Alter niemals hätte wahrnehmen können. Man sagte mir, mich würde eine gewisse Aura umgeben, eine Energie, die mich von anderen Kindern in einer undefinierbaren Weise unterschied. Ich war ehrgeizig, diszipliniert, motiviert und habe meist die Fassung verloren wenn etwas nicht so klappte, wie ich es mir vorstellte, weil ich schon damals stets wusste, was ich haben und erreichen möchte. Ich bin mir heute sicher, dass meine Eltern mich damals in einer privaten Schauspielschule angemeldet hätten, wenn die nötigen finanziellen Mittel dafür vorhanden gewesen wären. Aber da diese nicht zur Verfügung standen, musste ich einen anderen Weg einschlagen, um als junges Mädchen meine ersten Erfahrungen zu sammeln, mich selbst und insbesondere mein Können herauszufordern.

Im Grundschulalter angekommen, besuchte ich dann einen Theaterkurs welcher Bestandteil einer Kindergruppe der katholischen Kirche in meinem kleinen Ort war. Zu Heilig Abend bereiteten wir jedes Jahr eine große Theateraufführung vor, für welche bereits Wochen vorher die Rollen vergeben wurden. Ich erinnere mich, dass ich zu diesem Termin jedes mal mit Herzklopfen erschien, da ich es kaum erwarten konnte zu hören welche Rollen es gab und wer sie bekam. Mein Traum war die Hauptrolle. Jeden Tag Texte einstudieren, zuhause mit meinen Eltern üben, mich in die Rolle hineinfühlen und am Ende einen mit Menschenmassen gefüllten Saal beeindrucken. Doch leider war ich dafür noch zu jung. Ich versuchte mir die Enttäuschung nicht anmerken zu lassen und beschloss die Zeit dafür zu nutzen, mich selbst weiter zu entwickeln, Szenen aus Filmen nach zu spielen und vor dem Spiegel verschiedene Emotionen zu üben. Bei meinem letzten Auftritt in der Theatergruppe erhielt ich die Zweitbesetzung: Eine zickige, vorlaute und eingebildete Reporterin mit schrägem Style und schriller Stimme. Keine Rolle hätte rückblickend besser zu mir gepasst. Nicht etwa, weil mein Charakter dem der Figur gerecht wurde sondern viel mehr, weil ich darin eine Chance sah aus mir heraus zu kommen. Selbstverständlich erforderte es im zarten Alter von 9 Jahren viel Mut, vor hunderten Menschen aufzutreten und mit viel Text überzeugend zu schauspielern. Am Abend des Auftritts war ich so nervös, wie nie zuvor in meinem Leben. Es schien, als höre man in den Räumen hinter der Bühne mein Herz pochen. Obwohl ich nichts zu verlieren hatte, war der Auftritt für mich damals sehr wichtig und als ich diesen erfolgreich hinter mich gebracht hatte, den Applaus des Publikums hörte und deren lächelnde Gesichter sah wurde mir klar: Ich möchte im Rampenlicht stehen. Ich träumte wie alle jungen Mädchen von einer Welt mit Glitzer und Glamour. Davon, in atemberaubenden Abendkleidern von Fotografen abgelichtet zu

werden, mein Gesicht auf Plakaten zu sehen und auf der Straße wiedererkannt zu werden. Zunächst wusste ich jedoch nicht, ob ich mir diesen Traum mit der Schauspielerei oder mit etwas anderem erfüllen wollen würde.
Ich probierte vieles aus und beschloss nach Beginn der ersten Staffel einer bekannten Modelcastingshow im TV, dass ich diesen Weg einschlagen möchte. Modeln, das wäre toll. Mein Wunsch wurde verstärkt, als ich bei einem Friseurbesuch mit meiner Mutter gefragt wurde, ob ich aufgrund meiner tollen, langen Haare nicht Lust hätte, als Kindermodel bei einer Videoproduktion mitzuwirken. Ich war damals 10 Jahre alt, hatte eine große Löwenmähne und sehr viel Spaß vor der ersten professionellen Kamera die mich aufnahm. Ab diesem Zeitpunkt gab es für mich keine anderen Themen mehr. Rund um die Uhr beschäftigte ich mich mit dem Modeln. Damit wie man am besten anfängt, es auch ohne Castingshow schafft und wie man in hohen Schuhen gut läuft. Vorallem letzteres wurde zu einem meiner Lieblingshobbys. Jeden Tag schlüpfte ich in die Highheels meiner Mutter und lief damit den langen Flur im Eingangsbereich unserer Wohnung hin und her.
Ein paar Jahre später (Ich war damals 13 Jahre alt), sammelte ich erstmals intensiv Model-Erfahrungen vor der Kamera. Ein paar gute Freundinnen und ich organisierten selbstständig Amateur-Fotoshootings. Wir planten die Location, unsere Outfits, das Makeup und ließen uns online auf Fotoplattformen von bekannten Fotografen und Künstlern inspirieren. Später schloss ich mich der Foto-AG meiner Schule an, um meine ersten, richtig professionellen Bilder in unterschiedlichen sozialen Netzwerken online stellen zu können. Mein damaliger Lehrer Herr Eisele, war von meinem Talent vor der Kamera überzeugt und schlug mir vor, auch außerhalb der AG-Zeiten Bilder zu knipsen und mir beizubringen, wie man verschiedene Bearbeitungsprogramme nutzt, damit meine Fotos hochwertiger aussehen und ich

sie im Netz posten kann. Nicht ganz unbeabsichtigt besuchte und kommentierte ich in sozialen Netzwerken oft Beiträge von Models und deren Agenturen um andere auf mein Profil aufmerksam zu machen. Eine gute Idee wie sich später herausstellte. Was mir fehlte, war ein Widererkennungsmerkmal, etwas das mich auszeichnete und unverkennbar machte. Ich entschied mich spontan dazu, meine Haare Feuerrot zu färben.

Nach einigen Wochen wurde ich vom Inhaber einer deutschlandweit bekannten Friseurkette kontaktiert. Ihm waren- nach eigener Aussage- meine außergewöhnliche Haarfarbe und meine Ausstrahlung auf den hochgeladenen Bildern aufgefallen und er wollte mich zu einem Casting für seine neue Coiffeur – Kampagne einladen. Einige Tage später fand ich mich in seinem Büro wieder. Drei, in schwarz gekleidete Männer inspizierten nach freundlicher Begrüßung meine Haarstruktur indem sie wild durch die Mähne fuhren, meine Maße nahmen und über die Nummer meiner Haarfarbe diskutierten. Nur wenige Stunden später bekam ich einen Anruf: Man hatte mich für den Job gebucht und ich sollte in der kommenden Woche an zwei Tagen erscheinen. Nie hätte ich gedacht, dass mein untypischer Look mit nur 168 cm Körpergröße (damals 164 cm!) und roten Haaren einen Kunden dazu bewegen könnte, mich nach so kurzer Zeit für eine ganze Kampagne zu buchen. Aber ich wusste, dass dies meine Chance war, im Model-Business Fuß zu fassen. Das Ergebnis der Bilder konnte entscheidend für meinen weiteren Werdegang sein, außerdem war mein erstes professionelles Fotoshooting auch gleichzeitig ein bezahlter Job, bei welchem hohe Anforderungen in mich und mein Können gesetzt wurden. Ihr könnt euch also vorstellen, wie nervös ich zu Beginn war – Immerhin hatte ich das 14. Lebensjahr bis Dato noch nicht einmal erreicht, hatte noch nie ein so gigantisches Fotostudio von innen gesehen und nie zuvor in meinem Leben mit so viel neuen Menschen zusammengearbeitet, die bereits jahrelange Erfahrung in der Branche aufweisen konnten. Am Tag des Shootings ließ ich mich von meinem Bruder, sowie von meinem damaligen Freund begleiten. Dies hatte ich zuvor mit dem Management so abgesprochen.

Am Set angekommen, überrumpelte mich sofort der chaotische Modelalltag: Ich betrat das Studio mit rund 10 Minuten Verspätung und musste bereits nach kurzer Zeit feststellen, dass es niemanden so recht zu interessieren schien, dass eine neue Person eingetroffen ist.

Rund 25 Teammitglieder waren damit beschäftigt, ihrer Arbeit nachzugehen. Ein Mann mit Kopfhörern und Walkie Talkie überrante mich beinahe, während er dem Organisationsteam Anweisungen per Funk zukommen lies. Neben mir räumte eine Stylistin hektisch Damen und Herrenbekleidung auf einen 5 Meter langen Kleiderständer, aus dem hinteren Bereich der riesigen Halle dröhnte laute Popmusik und ein lautes Piepsen welches entsteht wenn die Kamera den Blitz auslöst, ein Model mit frischer Haarfarbe und Alufolien auf dem Kopf kreuzte meinen Weg und auf der Couch im Aufenthaltsraum saßen 5 dunkel gekleidete Männer, welche gemeinsam auf einem Tisch Bilder sortierten und sich berieten, während sie ihren Kaffee genossen.

In diesem Moment riss mich jemand zurück in die Realität. Eine dunkelblonde, sympathische Frau stand lächelnd vor mir „Hallo, mein Name ist Louisa. Ich bin heute für das Makeup der Models zuständig. Du bist bestimmt Fabiola? Bitte folge mir, damit ich dir zeigen kann wo du gleich geschminkt wirst". Ich folgte der netten Dame in einen Styling-Raum mit einer Umkleidekabine, 5 Schminktischen mit Spiegeln und einer großen Couch für die Models die bereits fertig gestylt auf ihren Einsatz vor der Kamera warteten. Man bat mich, auf einem der Stühle Platz zu nehmen. Wenige Minuten später fing Louisa an, mich zu schminken. Die neugierigen Blicke der anderen Models waren nicht zu übersehen und sie fingen an, mir Fragen über mich und meine Erfahrungen zu stellen: „Wie lang modelst du schon? Wieso ist dein erstes Fotoshooting bereits ein bezahlter Job? Hast du dafür mit dem Chef geflirtet? Wieso hast du deinen Bruder mit zum Shooting gebracht? Wieso bist du noch mit deinem unattraktiven Freund zusammen wenn du jetzt jeden haben kannst? Gefallen dir deine Haare wie sie für dieses Shooting geschnitten und gefärbt wurden? – Wir finden es schrecklich". „Lass dich nicht ärgern", flüsterte mir die Makeup-Artistin ins Ohr, „das ist bei jedem New Face so. Du musst dich erst beweisen, bevor man dich in dieser Branche ernst nimmt". Die Kommentare und Fragen meiner Kolleginnen und Kollegen waren mir mehr als nur unangenehm, trotzdem versuchte ich neutral zu wirken und alles an mir abprallen zu lassen. Sie schwärmten von ihren Erfahrungen, erzählten von anderen Shootings und deren Tagesgagen, lästerten über bekanntere Models, spekulierten über mögliche Affären, lachten über ihre zugewiesenen Outfits und schlossen Wetten darüber ab, wer es dieses mal aufs Cover des Friseurmagazins schaffte. Ein Cover zu zieren, sei das oberste Ziel eines jeden Models, so sagte man mir. Ein Gedankenblitz schoss durch meinen Kopf: Wenn ich es schaffen würde, beim Shooting die Beste zu sein, obwohl ich die wenigste Erfahrung habe, dann würden mich die anderen Models ernst nehmen und sich darüber ärgern, zu Beginn nicht freundlich zu mir gewesen zu sein. Vor der Kamera gab ich mein bestes, während mich 50 Augen von 25 Personen neugierig begutachteten und jede meiner Bewegungen zu analysieren schienen. Ich verwendete Posen und Gesichtsausdrücke, welche ich zuvor in Magazinen gesehen hatte und achtete darauf, auf jedem Foto anders auszusehen. Der Fotograf war begeistert und schrie durch den Raum „GREAT! AMAZING! WEITER SO! NOCH MEHR BEWEGUNG! JAAA, SEHR GUT!".

Die anderen Models bekamen davon nichts mit. Sie schauten mir während meines Shoots nicht einmal zu und wechselten anschließend auch nicht sonderlich viele Worte mit mir. Ganz im Gegensatz zu den anderen Mitarbeitern welche mir Komplimente machten und noch beim gemeinsamen Mittagessen davon redeten, wie gut ich mein erstes Fotoshooting gemeistert hätte.
Nach rund 12 Stunden ging ein anstrengender Tag für mich zu Ende und ich reiste zufrieden nach Hause. Einige Wochen später erreichten mich zahlreiche Anrufe und Facebook-Einträge von Freunden und Familie: „Fabiola, wir haben dich auf großen Werbeplakaten in der ganzen Stadt gesehen und dein Gesicht auf dem Cover des Friseurmagazins wiedererkannt!". Ich hatte es geschafft! Ich wurde das Gesicht der Kampagne und hatte es somit nicht nur den anderen Models bewiesen, sondern auch allen anderen, die meinen Traum, ein Model zu sein, amüsant fanden. Doch für negatives blieb keine Zeit mehr. Ich selbst war ab diesem Zeitpunkt täglich damit beschäftigt, Anfragen anderer Firmen und privater Fotografen zu beantworten. Mein erstes Fotoshooting war ein voller Erfolg und ein großer Schritt in Richtung meines Traums.
Ich fing an, mich um die Bearbeitung von Anfragen zu kümmern, prüfte sie auf ihre Seriosität, organisierte Fotoshootings und baute mir eigenhändig ein Model-Book auf, indem ich immer wieder Fotografen aus meiner Nähe kontaktierte und sie um sogenannte TFP-Shootings bat. Mit meinen Fotos bewarb ich mich wiederrum auf Jobs oder besuchte Castings, die ich zuvor online recherchiert hatte. Nach einer Weile hatte ich das Bedürfnis nach der Unterstützung einer Modelagentur, weil das Selbstmanagement auf Dauer mühsam wurde, da ich nebenher noch die Schule besuchte. Aufgrund meiner kleinen Körpergröße und meines normalgewichtigen Aussehens gestaltete sich die Suche jedoch nicht so einfach wie erhofft.

Mit kleineren Agenturen für kommerzielle Models wollte ich mich nicht zufrieden geben und die bekanntesten und größten Modelagenturen hatten kein Interesse an einem Model, das man aufgrund seines besonderen Looks nicht in allen Arbeitsbereichen einsetzen konnte, da dadurch die Gewinnspanne für die Agentur nicht sonderlich hoch war. Ich begann, nach Gründen für die Absagen zu suchen und machte mir selbst und meinem Körper Vorwürfe. Ich redete mir ein, nicht für das Modeln geschaffen zu sein und mich damit abfinden zu müssen, niemals in diesem Bereich arbeiten zu können.
Zu diesem Zeitpunkt suchte ich oft im Internet nach Tipps und Tricks für angehende Models. Bei meiner Recherche stieß ich auf zahlreiche sogenannte Pro-Ana Blogs, die online Magersucht als etwas tolles bewerben, Tipps zum Abnehmen geben und Bilder krankhaft dünner Frauen und Mädchen als Vorbilder posten. Aus irgendeinem Grund fand ich gefallen an diesem Trend und steigerte mich immer weiter in ein falsches Selbstbild und somit in ein ungesundes Essverhalten hinein. Die ganze Geschichte hierzu erzähle ich im weiteren Verlauf des Buches. Mit sehr viel Disziplin und Unterstützung schaffte ich es schließlich meinem gestörten Essverhalten auf nimmer wiedersehen zu sagen. Und ich bin noch heute dankbar für die Stärke, diese Krankheit alleine überwunden zu haben, denn das schaffen leider nur die wenigsten.
Nach dieser kräftezährenden Phase, in der ich viele soziale Kontakte und ein Stück meiner Lebensfreude verlor, baute ich mir mein Selbtsbewusstsein komplett neu auf. Ich beschloss für mich selbst, keinem Magerwahn mehr eine Chance zu geben und mich von der Masse abzuheben. Plötzlich wollte ich nicht mehr dem typischen Look der Models entsprechen. Vorbei war der Traum davon, andere um mehrere Köpfe zu überragen, dabei noch 50kg zu wiegen und eine kommerziellere Haarfarbe zu wählen, nur um

Kunden in der Branche zu gefallen. Ich fragte mich: Wieso sollte ich das tun? Wieso sollte ich mich selbst verändern nur um anderen zu gefallen? Ist es nicht besser, meinen speziellen Look zu meinem Markenzeichen zu machen und damit anderen zu beweisen, dass JEDER in dieser Branche Fuß fassen kann? Ein neues Ziel war geboren. Ich wollte nicht nur mir selbst, sondern auch anderen zeigen, dass es für jeden Typ Mensch eine passende Nische in der Modelbranche gibt. Ich arbeitete hart an meiner Selbstvermarktung und fand Platz in mehreren Vermittlungsstellen für Models.

Drei Tage All-Inklusive Hotel für nur einen Tag Arbeit, heute in München und morgen in Rom, edle Champagner-Partys mit prominenten Gästen, gesponserte Eintrittskarten für Konzerte und Events, teure Designer-Geschenke und ständig neue, coole Bekanntschaften in vielen verschiedenen Städten. All das sind Dinge, die ich dank meiner Arbeit als Model erleben darf.

Doch wer keine rosarote Brille trägt, dem dürfte klar sein, dass die Modelwelt auch viele Schattenseiten mit sich bringt und nicht nur aus Glitzer und Glamour besteht, so wie oftmals angenommen. Ein paar Stunden vor der Abreise in ein anderes Land eine Absage erhalten, weil der Kunde ein schöneres Model gefunden hat, bei minus sieben grad Celsius im Bikini und bei plus zweiunddreißig grad Celsius im Skianzug fotografiert werden, zwanzig Stunden arbeiten, aber nur für zwölf bezahlt werden und immer gut aussehen, egal was passiert – Dies sind nur ein paar wenige Beispiele, doch die Liste ist endlos.

Schon mein ganzes Leben lang hat es mir unglaublich viel Freude bereitet, anderen etwas beizubringen, ihnen zu helfen und sie zu motivieren. Schon im Grundschulalter liebte ich es, Texte zu verfassen, gestaltete eigene Bücher und fand im Schreiben eine große Erfüllung.

Lange habe ich nach einer Möglichkeit gesucht, diese beiden Elemente zu vereinen. Die Idee für mein Buch und mein Modelcoaching-Programm, der Modelversity, entstand anhand folgender Feststellung:
Viele junge Menschen träumen, wie auch du, von der Arbeit als Model. Davon, mit ihrer Leidenschaft viel Geld zu verdienen. In der Branche Fuß zu fassen und sich selbst international auf riesigen Werbeplakaten wieder zu erkennen. Was all diese Menschen verbindet, sind die zahlreichen Fragen rund um das Thema: Wie werde ich ein Model? Bin ich überhaupt der Typ dafür? Woran erkenne ich Betrüger? Die Ängste und Sorgen eurer Familie und Freunde und die Neugierde darüber, was die Arbeit mit sich bringt und inwiefern sie das persönliche Leben beeinflusst.
Sicherlich stellst du dir momentan die Frage, wieso ausgerechnet ich dir all diese Fragen beantworten könne, obwohl ich nie ein weltweit bekanntes Topmodel aus New York war.
Diese Frage ist berechtigt und du hast Recht: Ich war nie ein internationales Supermodel dessen Name und Gesicht jeder kennt! Ich war für meine Jobs nie außerhalb Europas unterwegs und kann wahrscheinlich im Vergleich zu anderen Models viel weniger Referenzen vorweisen. Aber neben den Berühmtheiten wie Heidi Klum, Gisele Bündchen und Co., gibt es überall rund um den Globus viele Models, die zwar nicht jeder kennt, welche jedoch gut in ihrem Beruf arbeiten können und die Sonnen – und Schattenseiten des Business hautnah miterleben. Zu diesen Models gehöre ich und durch meine eigenen, jahrelangen Erfahrungen und vielen Erzählungen von Kolleginnen und Teammitgliedern wurde es mir ermöglicht, alle für dich interessanten und relevanten Fragen zu beantworten und dich auf deinem Weg mit Tipps & Tricks zu begleiten.

In diesem Buch und in der von mir gegründeten Modelversity (www.modelversity.de) möchte ich dir Schritt für Schritt erklären, wie du zum Model wirst, ganz gleich ob du dem klassischen „Model-Typ" entsprichst oder nicht. Mit meiner Hilfe wirst du es schaffen, deinen Traum zu leben.
Ich möchte dir durch meine persönlichen Erfahrungen einen realistischen Einblick in die Branche ermöglichen und dir viele Tipps mit auf den Weg geben, welche dir helfen unangenehme Situationen zu vermeiden oder zu lernen, richtig mit diesen umzugehen wenn sie entstehen, damit dein Traum vom Modeln nicht zum Albtraum wird und du gleich von Beginn an einen guten Start in die Welt der Mode und Models hast.

Bevor ich dich nun endgültig in meine Wissenswelt entlasse, möchte ich noch darauf hinweisen, dass du beim Lesen dieses Buches oft auf Fachwörter stoßen wirst, die dir vermutlich noch fremd sind. Damit du deswegen nicht auf der Strecke bleibst, habe ich dir eine Übersicht, inklusive Erklärungen dieser Begriffe im Modellexikon zusammengefasst. Dieses findest du im hinteren Teil des Buches.
Ich wünsche dir nun viel Spaß beim Lesen und viel Erfolg für die Zukunft!

Deine Fabiola Giunco

Fotos: Nico Soica
www.say-wedding.com

2. Die Modelversity

Eine Universität für Models und all diejenigen, die es werden wollen? Die von mir gegründete Modelversity ist ein Online-Coaching in Form eines Video-Kurses, in welchem ich dir zeige, wie du deinen Traum als Model schnell und einfach verwirklichen kannst.
In über 60 abwechslungsreichen Videos erfährst du von mir alles rund um das Thema Model werden und Model sein. Ich nehme dich mit in meinen Model Alltag, berichte dir von meinen Erfahrungen, gebe exklusive Tipps und Tricks und begleite dich auf deinem Weg nach Oben.
In den Videos werden dir nicht nur alle Inhalte dieses Buches noch besser veranschaulicht und ausführlicher erklärt, sondern du erhälst außerdem jede Menge Bonusmaterial, wie zum Beispiel Checklisten zum Download und Videos beziehungsweise weitere Informationen zu Themen, welche innerhalb meines Buches „Flash Baby" noch gar nicht oder nicht detailliert genug angesprochen wurden. Im Laufe dieses Buches findest du dazu auch immer wieder kleine Anmerkungen und Hinweise.
Um dir eine bessere Vorstellung darüber geben zu können, was dich in meinem Coaching-Programm erwartet, habe ich dir im folgenden die Inhalte kurz zusammengefasst:

♥ 10-Schritte-Komplett-System: Eine leicht verständliche Schritt-für-Schritt Anleitung die dir zeigt, wie auch du ein erfolgreiches Model wirst.
♥ Laufstegtraining: Videocoaching in Echtzeitlänge mit Übungen zum einfachen Verstehen und Umsetzen für Anfänger und Fortgeschrittene.
♥ Alles für die Schönheit: Beauty-, Fitness-, Ernährungs-, & Stylingtipps für deinen persönlichen Model-Look.

♥ And Action!: Die perfekte Zusammenstellung aus verschiedenen Posing-Ideen und abwechslungsreichen Mimiken für die Anwendung bei Fotoshootings und Filmdreh's.
♥ Meine Erfahrung, dein Erfolg: Mein gesamtes Wissen in meinem Programm für deinen Traumberuf. Begleitend zu meinem Buch „Flash Baby".
♥ Spannende Interviews mit vielen Akteuren aus der Branche.
♥ Jede Menge Zusatzmaterial: Mit ausführlichen Checklisten, Bewerbungs- und Vertragsvorlagen zum downloaden und ausdrucken.
♥ Überall dabei: Ganz egal ob auf dem Computer oder für unterwegs mit dem Smartphone oder Tablet. Die Inhalte meines Kurses lassen sich auf allen Geräten einsehen und abspielen.
♥ Deine Fragen, meine Antworten: Support für alle deine Fragen und exklusive Live-Webinare.

Bist du neugierig geworden? Auf **www.modelversity.de** kannst du dich für ein kostenloses Coaching registrieren und dir deinen Zugang zum Mitgliederbereich sichern.

So gern hast du bestimmt noch nie die Schulbank gedrückt! Bis bald in meiner Online-Universität für alle angehenden und fortgeschrittenen Models.

Informiere dich jetzt kostenlos auf:
www.modelversity.de

Deine Notizen:

Foto: Denise Roidl Fotografie
www.denise-roidl-fotografie.de

3. Optimale Voraussetzungen – Hast du das Zeug zum Modeln?

3.1 Gutes Aussehen allein reicht nicht aus

Sicherlich hast du nicht erwartet, dass ich bei den Voraussetzungen um ein Model werden zu können, als erstes deinen Charakter erwähne, schließlich wird ein Model dafür bezahlt, in Designerkleidung zu passen, darin gut auszusehen und für die Kameras zu posieren.

Dennoch halte ich es für extrem wichtig, eine Mehrheit der folgenden Charaktereigenschaften zu besitzen, da sie nicht nur dir selbst auf deiner Reise behilflich sind, sondern dir auch eine Menge Vorteile verschaffen können, wenn du äußerlich ein Mal nicht dem gesuchten Typ eines Kunden entsprichst. Die richtigen Wesenszüge helfen dir, Freude an deinem Job zu haben, schwierige Situationen zu umgehen und eine feste Kundschaft an dich zu binden, welche dich aufgrund deiner Art immer wieder für Jobs bucht. Denn auch in diesem Business gilt: Schönheit ist nicht alles!

Höflichkeit

Ein professionelles Model ist stets freundlich, unkompliziert, höflich und gut gelaunt, auch wenn es im Inneren vielleicht ganz anders aussieht. Wenn du einen schlechten Tag hast, ist es selbstverständlich besonders schwer, deine Emotionen unter Kontrolle zu halten und bei einem Job oder Casting mit einem Lächeln zu erscheinen, weil es dir momentan miserabel geht. Dennoch solltest du versuchen, deine negativen Gedanken während einer Zusammenarbeit mit einem Team auszublenden und für ein paar Stunden alles zu vergessen. Es ist in Ordnung wenn du sagst, dass es dir momentan nicht gut geht oder das du traurig bist – zeigen solltest du es jedoch nicht, da du wichtige Kunden für die Zukunft dadurch verlieren kannst. Stell dir vor du wärst ein Auftraggeber und hättest ein Model gebucht, welches schlecht gelaunt am Set erscheint, die anderen Team-Mitglieder anzickt und anschließend auf den aufgenommenen Fotos die pure Negativität ausstrahlt. Vermutlich würdest du dieses Model künftig nicht mehr buchen.

♥ *Tipp: Deine Gedanken sind frei! Wenn du also einen miesen Tag hast, dann denke am besten an Dinge die dich glücklich machen: Deine Familie, deine Freunde, deinen letzten Urlaub, deinen Partner, dein Haustier oder daran wie schön es ist, dass du genau in diesem Moment als Model arbeiten kannst.*

Spontanität
Es ist sehr wichtig, als Model spontan zu sein. Es kann jederzeit passieren, dass du einen Anruf von deinem Booker bekommst und er dir sagt, dass du morgen einen Job im Ausland hast und du in wenigen Stunden am Flughafen einchecken musst. Auf der anderen Seite musst du auch damit Leben können, kurzfristige Absagen zu bekommen und den Tag anders zu gestalten als geplant.
Am schönsten ist es da natürlich, wenn die Menschen in deinem Umfeld (Familie, Freunde, Partner) diese spontane Lebensweise akzeptieren und dich unterstützen wo sie nur können. Nicht jeder hat Verständnis für diesen Lifestyle aber deine Liebsten werden es dir nicht verübeln, wenn sie dich wirklich gern haben.

Mut
Neugier und Mut sind zwei Dinge, die ich an dieser Stelle verknüpfen möchte. Denn deine Lust, Neues zu erleben, sollte auf jeden Fall größer sein, als deine Angst.

Mut erfordert es vor allem, alleine mehrere Wochen oder Monate im Ausland zu verbringen. Dich in einer fremden Stadt und Kultur ohne Hilfe zurecht zu finden und dich dort nur mit Händen und Füßen verständigen zu können. Mehr Zeit in einem Flugzeug als in einer Wohnung zu verbringen und ständig neue Menschen kennenzulernen, während du dein geliebtes Zuhause und deine Freunde vermisst oder an einem freien Wochenende, in einer fremden Stadt, alleine etwas unternehmen musst. Um diese und andere, für das Modelbusiness, normale Situationen zu verkraften, musst du stark sein und über viel Unternehmungslust verfügen.

Auch ein Fotoshooting kann sich zu einer Mutprobe entwickeln. So kann es beispielsweise sein, dass du für die perfekte Foto-Kulisse stundenlang mit dem Team durch einen Dschungel wandern musst, du mit Tieren fotografiert wirst, vor welchen du normalerweise Angst hast, oder mit einem wildfremden Männer-Model kuscheln und verliebt in die Kamera lächeln sollst.

Außerdem kommt es häufig vor, dass du dich in bestimmten Situationen „lächerlich" machen musst. Oft erscheinen dir die Posen, die du vor der Kamera einnehmen musst, die Outfits welche du trägst, oder der Gesichtsausdruck den du machen sollst, banal und unangenehm. Oder du gehst auf ein Casting, bei welchem du zu einem bestimmten Song witzig tanzen oder etwas vorsingen sollst, obwohl du das noch nie zuvor gemacht hast. Selbstverständlich erfordert es Mut, so weit aus sich heraus zu kommen, aber wenn man das anfängliche Schamgefühl in solchen Situationen überwunden hat, fühlt man sich großartig und bereit für immer neue Herausforderungen. Über seinen eigenen Schatten zu springen ist eine tolle Sache und lernen tut man das fast nirgends besser als im Modelbusiness.

Für das Fotoshooting einer Schuh-Designerin, stellte man mich einmal, aufgrund der schönen Kulisse vor den Eingang eines Zoo's, an einer voll befahrenen Hauptstraße. Um die Schuhe in den Vordergrund treten zu lassen, bekam ich als Kleidung nichts weiter als einen nudefarbenen Body, dessen Farbe fast exakt meinem Hautton entsprach. Bereits nach wenigen Minuten hielten die Insassen der ersten Autos mit einer Vollbremsung am Straßenrand an, um neugierig aus dem Fenster zu schauen und zu pfeifen. Viele Autos fuhren auch mit gedrückter Hupe vorbei, oder alamierten hektisch die anderen auf dem Rücksitz. Anfangs fragten wir uns im Team noch, wieso man so einen Aufstand um ein Fotoshooting machte, bis wir begriffen was die Ursache für den Zirkus war: Aus einer etwas weiteren Entfernung sah man nicht, dass ich einen Body trug, da dieser wie gesagt meinem Hautton entsprach. Alle vorbeifahrenden Personen dachten, ich würde komplett nackt am Straßenrand stehen und zwischen Palmen und exotischen Pflanzen posieren. Eine halbe Stunde später versammelte sich eine ganze Personenschar um die Fotokulisse. Zuschauer sind bei den meisten Outdoor-Shootings keine ungewöhnliche Sache, aber dieses mal waren sie mir ganz besonders recht. Sie positionierten sich nämlich genau so, dass die vorbeifahrenden Autos, Lkw's, Busse und Bahnen keine Sicht mehr auf mich und das Team hatten, wodurch ich mich nach langer Zeit endlich zu hundert Prozent auf die Kamera konzentrieren konnte und wir die Arbeit ungestört fortsetzten.

Ausdauer und Geduld
Oft kommt es vor, dass du tagelang am Stück von Casting zu Casting gehst und keinen Job ergatterst. In solchen Situationen ist es vor allem wichtig, die Hoffnung nicht zu verlieren und hartnäckig zu bleiben. Beim ersten Versuch direkt aufzugeben, könnte ein großes Verhängnis sein und dazu führen, dass dir großartige Chancen entgehen.

Ein realistischer Blick auf die Dinge hilft dir, keine großen Enttäuschungen zu erleben und Absagen besser zu verkraften.

Meinung
In der Regel wirst du bei einem Job nicht nach deiner Meinung gefragt. Es ist dem Kunden egal ob dir die Kleidung, das Makeup oder das Konzept des Shootings oder der Show gefällt. Vergiss nie, dass du dafür bezahlst wirst, in den jeweiligen Stücken gut auszusehen und sie so zu präsentieren, als würdest du sie lieben, auch wenn du es nicht tust.
Schließlich soll der Verbraucher denken:„Wow, so möchte ich auch aussehen!" und somit das Produkt kaufen. Solltest du jedoch ein Mal bewusst nach deiner Meinung gefragt werden, ist es in Ordnung zu sagen, dass es nicht ganz deinem Stil entspricht. Vermeiden solltest du jedoch Worte wie „hässlich" oder „scheiße", da dieser Wortschatz keiner konstruktiven Kritik entspricht und Designer oder Stylisten persönlich sehr verletzen könnte. Behalte immer im Hinterkopf, dass du viel Geld verlieren kannst, wenn du zu ehrlich bist. Vor allem bei Castings ist es manchmal gar nicht so schlecht, dich beeindruckt von Produkten oder Kollektionen zu zeigen, auch wenn du es nicht wirklich bist. Ich bin zwar kein Fan von Menschen die nicht die Wahrheit sagen, aber eine kleine Notlüge hat bisher den wenigsten geschadet.

Wandelbarkeit
Bei deiner Arbeit als Model wirst du immer wieder in unterschiedliche Rollen schlüpfen müssen. Mal bist du eine Mama, ein anderes mal eine Diva, ein sexy Vamp, ein Stammeshäuptling oder eine Businessfrau im Hosenanzug. Aus diesem Grund ist es wichtig, besonders wandelbar zu sein und dich in verschiedene Rollen hineinversetzen zu können. Am besten fragst du vor einem Fotoshooting oder vor einer Show die zuständigen Personen (Designer oder

Fotograf) nach dem Konzept, welches hinter dem Projekt steckt und welche Rolle heute von dir erwartet wird. So kannst du dich vorbereiten und dir Gedanken zum Posing und den Gesichtsausdrücken machen, während du gestylt wirst.

♥ *Tipp: Versuche deine Emotionen bewusst wahrzunehmen und schau dich das nächste mal direkt im Spiegel an, wenn du gerade fröhlich, traurig, wütend oder nervös bist. Achte dabei auf die Spannung in deinem Gesicht, auf die Größe deiner Augen, die Form deiner Lippen und deinen allgemeinen Ausdruck. Merk dir, was du siehst.*
♥ *Übe Zuhause vor dem Spiegel verschiedene Mimiken und Posen, damit du diese während eines Fotoshootings gekonnt einsetzen kannst. Dabei hilft es, wenn du dich gedanklich in die jeweilige Situation hineinversetzt, indem du dich an bestimmte Momente in deinem Leben zurück erinnerst (Beispielsweise an den Tod eines Familienmitglieds oder den Sieg bei einer Meisterschaft).*
♥ **Weitere Tipps, sowie zahlreiche Mimik und Posing-Vorschläge findest du online im Mitgliederbereich der Modelversity (www.modelversity.de)**

3.2 Das Gesamtbild muss stimmen

Körper

Das typische Klischee zum Körperbau eines weiblichen Models sind die Maße 90-60-90. „Wenn du diesen Maßen nicht entsprichst, kannst du kein Model werden", so heißt es oft in der Gesellschaft. Zwar stehen die Maße 90-60-90 (Angaben in Zentimeter) für die Konfektionsgröße 36, jedoch gibt es heutzutage so viele unterschiedliche Typen von Models, dass sich die obige Behauptung auf keinen Fall bestätigen lässt. Wenn du als kommerzielles Model arbeiten möchtest, solltest du als Frau in die Konfektion 34 -36 oder

in eine kleine 38 passen, da die Designer und Modelabels auf diese Standartgrößen schneidern, um sie dem Verbraucher zu präsentieren. Auf dem internationalen Markt ist leider auch häufig die Konfektionsgröße 32 die Norm.
Dass bedeutet keinesfalls, dass du dich auf ein bestimmtes Gewicht herunter hungern musst. Je nachdem was du für ein Typ bist, kannst du Agenturen und Kunden in unterschiedlichen „Nischen" finden. Was ich damit meine, erfährst du später. So kannst du beispielsweise mit einer Konfektionsgröße 38 bis 42 als ein sogenanntes „Plus Size" Model arbeiten und Mode für kurvige Frauen präsentieren.
Die ideale Körpergröße liegt zwischen 174 cm und 184 cm. Doch auch hier werden Ausnahmen gemacht, vor allem wenn eine Agentur von deinem Potential überzeugt ist. Ein gutes Beispiel hierfür ist Kate Moss. Dieses international bekannte Topmodel ist – kaum zu glauben – nur 165 cm groß. Mit über 10 cm Größenunterschied gegenüber der Konkurrenz, schaffte sie es auf beinah jeden Catwalk dieser Welt und ziert das Cover vieler Magazine. Das perfekte Gewicht gibt es für ein Model jedoch nicht, da die Körperzusammensetzungen eines Menschen völlig unterschiedlich und individuell sind und sich somit 3 Personen mit dem selben Gewicht in ihrer Körperform deutlich unterscheiden können. Vor allem wenn man berücksichtigt, dass Muskeln mehr wiegen als Fett und die Knochendichte, bzw. -stärke viel Einfluss auf das Körpergewicht hat. Für jeden Typ Mensch gibt es eine passende Nische, egal wie klein, groß, dick oder dünn derjenige ist. Zwar sind die Chancen auf kommerzielle Jobs höher, wenn man dem Bild eines „typischen Models" entspricht, aber das bedeutet lange nicht, dass Menschen mit durchschnittlichen Körperproportionen nicht auch die Möglichkeit haben, für bestimmte Marken zu modeln. Ich selbst konnte das auch nicht glauben, bis ich es eines Tages am eigenen Leibe erfahren durfte.

Gesicht
Anders als früher, gibt es heute kaum mehr ein typisches Schönheitsideal. Je nachdem welchem Typ du entsprichst, kannst du Platz in einer bestimmten Model-Nische finden. Auch wenn die meisten jungen Menschen es kaum glauben möchten; Auf dem internationalen Markt sind seit einigen Jahren äußerst viele Models im Trend, die nicht perfekt sind und Schönheitsmakel wie beispielsweise abstehende Ohren, große Zahnlücken, Pigmentstörungen oder auffällig große Muttermale aufweisen oder durch andere besondere Körpermerkmale hervorstechen (Ein Beispiel hierfür wäre eine Ganzkörper Tättowierung). Solltest du also Zweifel an dir und deinem Aussehen haben, so sollte dies kein Grund sein es nicht zu versuchen – Ganz im Gegenteil! Oft ist man sich selbst gegenüber sehr kritisch, während andere keinen einzigen Makel an einem finden. Wichtig ist einfach, ein gepflegtes Erscheinungsbild vorweisen zu können. So sollte deine Haut möglichst frei von Pickeln, Narben, Flecken und Rötungen sein, da eine digitale Nachbearbeitung der Fotos meist aufwendig und kostspielig ist. Solltest du Hautprobleme haben, so empfiehlt es sich, einen Dermatologen in deiner Nähe aufzusuchen, um dieses Problem schnellstmöglich in den Griff zu bekommen.

♥ *Tipp: Schminke dich jeden Abend ab und reinige dein Gesicht anschließend mit normalem, kühlen Wasser. Regelmäßiges abtupfen deiner Haut mit Teebaumöl verhindert die Bildung weiterer Pickel.*
Viele weitere Beauty-Tipps findest du im Mitgliederbereich der Modelversity (www.modelversity.de)

„Das gewisse Etwas"
Der uns so bekannte „Wow-Effekt" den ein hübsches Mädchen zu einem erfolgreichen Model macht wird in der Branche „X-Faktor" genannt. Diesen hat man, oder eben nicht.

So gibt es beispielsweise Personen, welche uns im Alltag nicht sonderlich oder gar nicht auffallen würden, auf Bildern jedoch eine besondere, magische Aura besitzen. Anders herum gibt es auch viele hübsche und tolle Persönlichkeiten, die vor der Kamera nichts anziehendes haben.
Du hast nur wenig Einfluss darauf, ob du diese besondere Ausstrahlung besitzt. Antrainieren kann man diese leider nicht, aber wenn du mit dir und deinem Aussehen zufrieden bist, wirst du von ganz allein eine positive und selbstbewusste Ausstrahlung besitzen. Man selbst kann nur sehr schwer einschätzen, ob man andere Menschen auf Bildern in den Bann zieht. Aber wenn es der Fall ist, wirst du es anhand deines Erfolgs in der Branche messen können.

Schönheitsoperationen – Ja oder Nein?
Viele junge Menschen denken, ihre Chancen auf einen Aufstieg in der Model Branche wären deutlich besser, wenn sie operativ etwas an ihnen ändern bzw. verbessern würden. Dass sie damit genau das Gegenteil erzeugen, ist den wenigsten bewusst, aus diesem Grund lag mir dieser Abschnitt in meinem Buch besonders am Herzen.
Selbst wenn du denkst deine Nase sei zu krumm, dein Bauch zu dick oder deine Brüste zu klein, so solltest du stets daran denken, dass selbst Models nicht perfekt sind, auch wenn diese uns oft genau so präsentiert werden. Mitarbeiter einer Model-Agentur haben meist ein sehr gutes Auge dafür, ob etwas an dir operativ nachgebessert wurde und sehen solche Korrekturen eher ungern. Gefragt sind auf dem kommerziellen Markt meist natürliche Schönheiten – Brüste aus Silikon gelten oft sogar als wahres No-Go! Doch auch hier gilt: Je nachdem in welcher Nische du deinen Platz in diesem Business findest, können Schönheitsoperationen auch deine Karriere fördern. Dazu aber später mehr.
Beachte auch, dass Operationen ein enormes gesundheitliches Risiko mit sich führen.

Eine OP kann dich oft unzufriedener machen, als du es vorher warst, also überlege dir gut ob sich ein Eingriff wirklich lohnt, oder ob du zu dir und deinem Äußeren stehen kannst. Nichts ist schöner als eine selbstbewusste junge Frau mit dem Bewusstsein, dass das persönliche Glück in den eigenen Händen liegt und nicht in denen eines Beauty-Docs. Auch ich habe lange Zeit jeden Tag meine Nase bemängelt, immer wieder betont wie sehr ich sie hasse, wodurch ich mich zunehmend schlechter fühlte. Eine menge Menschen sagten mir, dass ihnen gar kein Höcker auf meiner Nase auffallen würde und das meine Beschwerden völlig unbegründet seien. Irgendwann begann ich, sie zu akzeptieren und bin rückblickend sehr froh, mich niemals unters Messer gelegt zu haben.

3.3 Das perfekte Alter

Wenn du eine langfristige und erfolgreiche Modelkarriere anstrebst, solltest du bei deiner Bewerbung in einer Model-Agentur nicht jünger als 13 und nicht älter als 22 Jahre alt sein.
Leider ist es eine Tatsache, das auf dem heutigen Fashion-Markt der Mode-Metropolen sehr sehr junge Mädchen mit kindlichem Gesicht und Körper gefragt sind. Allerdings halte ich es persönlich nicht für gut, zu früh mit dem Modeln zu beginnen. Du musst dir über den enormen Konkurrenzkampf in der Branche bewusst sein, darüber das du oft alleine und einsam bist – Am besten kommt man mit diesem Druck meiner Meinung nach klar, wenn man bereits etwas älter ist. Ich persönlich denke, dass 16 Jahre ein gutes Einstiegsalter ist. Am Anfang empfiehlt es sich außerdem, immer eine Begleitperson mitzunehmen, sofern dies möglich ist. Die meisten Kunden haben bei jungen Mädchen viel Verständnis und bieten oftmals an, eine weitere Person mit

zum Fotoshooting zu nehmen. Und auch wenn sie dies nicht tun, kannst du jederzeit danach fragen.

Ich persönlich habe mich in meinen ersten 2 Jahren als Model fast immer von meiner Mutter begleiten lassen, welche aufgeregt dabei zuschaute wie ich gestylt und fotografiert wurde. Und selbstverständlich darauf acht gab, dass man mich gut behandelte – So wie Mamas eben sind.

Die obere Altersgrenze von 22 Jahren wird gesetzt, da man in diesem Alter bereits ein gut aufgebautes Model-Book bzw. Portfolio haben sollte, um viele Jobs zu ergattern. Vorallem auf dem internationalen Markt – in Metropolen wie Paris oder New York – gilt man mit 22 Jahren bereits als „Alt", so dumm dies auch klingen mag. Jedoch gibt es auch genügend Frauen, welche auch in mittlerer Altersklasse erfolgreich als Model arbeiten. Gerade in der kommerziellen Nische sind oft „Frauen des Alltags" erwünscht. Keine großen Puppen mit dem Körper eines Victoria Secret Engels, so wie wir es aus der High-Fashion Welt gewöhnt sind. Sie arbeiten meist nebenberuflich als Model, sind entlastet vom Druck, der zwischen den jungen Mädchen herrscht und werden beispielsweise für Werbungen von Anti-Aging Cremes oder Haushaltsartikeln gebucht. Die meisten von ihnen haben aber auch in jungen Jahren ihre ersten Erfahrungen in der Branche gesammelt.

Fotos: Sebastian Klingk PHOTOGRAPHY

4. Jeder kann modeln – Die verschiedenen Modelnischen

4.1 Klassische Bereiche

Es gibt verschiedene Arten, als Model zu arbeiten. Im folgenden möchte ich dir eine Übersicht darüber geben, in welchen Bereichen du tätig werden kannst und was diese auszeichnet.

Fotomodel
Unter dem Begriff Fotomodel lassen sich vier weitere Unterteilungen ziehen:
- Fashionmodel
- Commercial Model
- Beauty Model
- Editorial Model
- Bademoden – oder auch Wäschemodel

Als Fashion Model wirst du hauptsächlich für den Werbe- und Katalogbereich eingesetzt. Deine Auftraggeber sind nicht nur Designer, sondern auch bekannte und weniger bekannte Mode- und Versandhäuser für welche du als Model für Katalog, Magazin oder Werbespots zur Verfügung stehst. Du posierst dabei meist für Kleidung. Fashion Models sehen in der Regel etwas „normaler" aus als Editorial- oder Laufstegmodels. Sie müssen nicht ganz so extrem groß sein und ihr Gesicht ist eher klassisch, entspricht dem einer typischen Schönheit, ohne viele besondere Merkmale.
Commercial Models werden hauptsächlich für alltägliche Produktwerbungen, wie beispielsweise Staubsauger, Möbel oder Lebensmittel eingesetzt und sollten daher mit ihrem

Look „alltäglichen Menschen" entsprechen. Sie müssen keine typischen Schönheiten mit 1,76 m Körpergröße sein, stattdessen sollten sie ein sympathisches Gesicht mit einem schönen Lächeln und einen normalen Körperbau haben. Viele „ältere" Frauen und Männer arbeiten nebenberuflich als Commercial Model und vorallem auf dem deutschen Markt ist diese Modelnische finanziell gesehen besonders lukrativ. Diese Modelnische empfinde ich als besonders angenehm, da man meist gar nicht in andere Rollen schlüpfen muss, sondern einfach man selbst sein kann.

Für ein Beauty Model ist das Gesicht sehr wichtig: Aufftraggeber von Wellness- und Kosmetikprodukten, sowie Brillen oder Schmuck legen viel Wert auf ein sehr schönes, ebenmäßiges Gesicht mit einer perfekten Haut und gleichmäßigen Proportionen. Da Beauty Models meist nur ab dem Hals aufwärts fotografiert werden, müssen sie keine idealen Körpermaße haben.

Editorial Models haben im Gegensatz hierzu, einen sehr außergewöhnlichen, oft „irritierenden" Look. Weit außeinanderstehende Augen, abstehende Ohren, sehr volle Lippen oder besondere Merkmale, welche von der Gesellschaft als „weniger schön" empfunden werden, sind keine Seltenheit. Gebucht werden sie meist für internationale Modemagazine wie Vogue, L'Officiel, Elle, Cosmopolitan und für Designer, welche das besondere Aussehen dieser Models lieben und sie für ihre großen Foto- und Videokampagnen, oder auch für dessen Modenschauen buchen. Sie profitieren vom Wiedererkennungswert der Models, da dem Verbraucher auch die damit verbundenen Magazine, Designer oder Produkte im Gedächtnis bleiben.

Bademoden- oder Wäschemodels sind, wie der Name es bereits verrät, meist leichter bekleidet und sollten daher, ähnlich wie Laufstegmodels, einen makellosen Körper aufweisen können. Perfekt ist für Frauen dabei die Körbchengröße C (B ist ebenfalls in Ordnung) sowie etwas breitere Hüften, einen knackigen Po und einen flachen Bauch. Auch eine positive, sexy Ausstrahlung ist in diesem Bereich sehr wichtig. Ausnahmen werden auch hier gemacht. So gibt es auch viele mollige Models, die in Katalogen für Bikinis und Unterwäsche posieren. Glücklicherweise gibt es heute viele Modeketten, die sich gegen den Magerwahn entscheiden und stattdessen normale Körper in ihren Katalogen abdrucken. Das ist zwar nur die Minderheit, aber ein Schritt in die richtige Richtung ist es allemal.

Wenn du bei einer kommerziellen Modelagentur aufgenommen wirst, arbeitest du in der Regel für mehrere der oben genannten Bereiche. Wenn du nur einseitig eingesetzt werden könntest, gäbe es für dich den Nachteil, das du nur begrenzt Jobangebote erhälst und dadurch weniger Geld verdienst. Also sieh die oben genannten Bereiche auf keinen Fall als klare Abgrenzungen unter welchen du dich entscheiden musst, sondern vielmehr als kleine Unterteilungen unter dem großen Bereich des Fotomodels, als welches du arbeitest.

Laufstegmodel
Nicht jedes Fotomodel ist auch für den Laufsteg geeignet. Andersherum gilt dies selbstverständlich auch, denn nicht jedes Laufstegmodel ist auch fotogen. Am besten ist es natürlich, wenn du beide Bereiche abdecken kannst.

In der Regel sind Models, welche auf den internationalen Catwalks laufen, um ein vielfaches dünner und größer als Fotomodels, entsprechen der Konfektion 32-34 und besitzen die notwendige Eleganz, eine gute Körperhaltung und eine geschmeidige, graziöse und schwungvolle Gangart. Eine Mindestgröße von 1,76 m ist erwünscht, das Körbchen sollte nicht größer als B sein. Da der Fokus bei einer Modenschau auf der Kollektion des Designers liegt, sind besonders ausdrucksstarke Persönlichkeiten oft nicht erwünscht, da sie der jeweiligen Kleidung die „Show stehlen" würden. Aus diesem Grund werden Models beispielsweise auf der Fashionweek oft gleich gestylt. Alle erhalten dasselbe Makeup und dieselben Frisuren, damit ein einheitliches Bild entsteht.

Trotz meiner kleinen Körpergröße von 168 cm, schaffte ich es bei zahlreichen Shows auf den Catwalk. Für eine Fashion- Show einer Jungdesignerin, bat man mich eine Woche zuvor zu einem Fitting (Englisch für Anprobe) zu kommen. Dort angekommen, zeigte man mir die verfügbaren Kleider und Schuhe. Neben den Outfits, welche ich persönlich für absolut grandios hielt, stachen mir, zu meinem erschrecken, insbesondere die bereit gestellten Schuhe ins Auge. Sie erschienen mir wie die einer Puppe in Miniaturform. Wie ich mit Schuhgröße 40 in eine Größe 37 hineinpassen sollte, war mir unerklärlich. Die Designerin versicherte mir, man könne für die kommende Woche weitere Schuhmodelle besorgen und es wäre nicht nötig, das ich meine eigenen mitbringe, da jedes Model die selben Schuhe tragen sollte, um ein einheitliches Bild zu schaffen.
Eine Woche später traf ich bei der Adresse ein welche man mir gegeben hatte. Ein altes Fabrikgebäude, umfunktioniert zu einem Elektro- Club in Backstein-Optik. Um den Boden, welcher kaputt, bröckelig und sehr unsicher aussah, machte ich mir zunächst keine Sorgen schließlich kümmerte sich die Designerin eigenhändig darum, mir Schuhe in der passenden Größe zu besorgen – Dachte ich! Im Umkleideraum angekommen, inspizierte ich die Schuhgrößen der verfügbaren Modelle und stellte fest, dass eine 40 nicht dabei war. Letzten Endes schaffte es ein Assistenten-Team bestehend aus 5 Leuten, mich mit Gleitgel (du hast richtig gelesen), in die Pumps hinein zu quetschen und mich in letzter Minute auf den Laufsteg (welcher aus kleinen, unregelmäßig nebeneinander gesetzten Backsteinen auf hinabführender Straße bestand) zu schicken. Nach zwei Stolper-Attacken,

die das Publikum zum lachen brachte und tolle Momentaufnahmen beim hinfallen in der Presse erzeugten, hatte ich die wohl peinlichste und schmerzhafteste Fashion-Show hinter mich gebracht und eines daraus gelernt: Als Model musst du immer damit rechnen, dass es eigentlich keinen interessiert, ob du dich in der präsentierten Mode wohl fühlst oder dich darin bewegen kannst, solang du eine gute Figur darin machst (Was ich in diesem Fall aber sicherlich nicht getan habe). Das solltest du auf keinen Fall persönlich nehmen. Ideal ist es, in einer solchen Situation das Beste zu geben und lachen zu können, falls du dich vor hunderten von Menschen blamierst, so wie es mir passiert ist. Manchmal ist es auch hilfreich, für den „Worst Case" vorbereitet zu sein, indem du beispielsweise eigene Schuhe einpackst. Hätte ich früher gewusst, dass auf Versprechungen in diesem Business so wenig Verlass ist, hätte ich sicherlich anders gehandelt.

Plus-Size Model
Wenn du als Mädchen oder Frau die Konfektionsgröße 38/40 aufwärts trägst, über eine Körpergröße von 1,74m bis 1,81m verfügst, gute Körperproportionen und ein hübsches Gesicht hast, dann eignest du dich perfekt als sogenanntes Plus-Size Model.
Plus-Size Models können für alle Bereiche eingesetzt werden: Laufsteg, Werbung, Lifestyle, Beauty usw. Der Trend, Mode für alltägliche Menschen mit durchschnittlicher Kleidergöße zu entwerfen und diese auch so zu präsentieren, ist stetig wachsend. Vorallem seit es in der Presse heftig Kritik für die viel zu dünnen Models auf den internationalen Catwalks hagelte. Aus diesem Grund haben Plus Size Models immer bessere Chancen, viele Aufträge zu ergattern und der Welt zu zeigen, das Kurven „IN" sind.

Nicht nur kleine Versandhäuser, sondern auch weltbekannte Designer wie beispielsweise Jean-Paul-Gaultier haben begonnen, Wert auf ein gesundes Frauenbild zu legen.

Man lud mich einmal zu einem Fitting verschiedener Designerkleider ein, welche bei einem professionellen Fotoshooting fotografiert werden sollten. Als man mir die Tür öffnete, schaute mich die Kundin verwundert an und musterte meinen Körper mit strengem Blick, von oben bis unten: „Mit einer solch molligen Figur würde ich nicht in die Stücke passen", sagte sie mir. Ich erwiderte nichts und versuchte schüchtern die vorgelegten Kleider anzuprobieren. Ich weiß bis heute nicht, an welchem kindlichen Körper die Teile geschneidert wurden, aber eine Anprobe war mir nicht möglich und ich war kein bisschen traurig darüber. Ich wollte weder mit einer so unfreundlichen Stylistin zusammenarbeiten, die eine Kleidergröße 34/36 für mollig hielt und sich ihre Aussagen nicht verkneifen konnte, noch wollte ich ein Frauenbild unterstützen das Mode in Kindergröße 28 vorsah. Solche Fälle sind im Ausland keine Seltenheit, dennoch solltest du so etwas nicht persönlich nehmen und dich, oder deine Art und Weise dich zu ernähren, davon auf keinen Fall beeinflussen lassen. Sollte jemand von dir verlangen, heftig abzunehmen so rate ich dir, dieses unmoralische Angebot abzulehnen und an deine Gesundheit zu denken. Kein Job auf dieser Welt ist es Wert, dich einer großen Gefahr auszusetzen- vergiss das nie.

Glamourmodel
Bei dem Wort Glamour denkt man zunächst an eine Frau im Abendkleid, fotografiert in einer edlen Limousine vor einem Luxushotel. Die Bezeichnung Glamourmodel passt nicht ganz zu dieser Vorstellung. Sogenannte Glamourmodels sind Frauen, welche in erotischen, knappen Outfits für Magazine wie FHM, GQ oder Maxim posieren.

Zwar sind die Tagesgagen in dieser Nische sehr hoch, allerdings gibt es nur begrenzt Aufträge. Wenn du zu klein bist um ein kommerzielles Fotomodel zu sein, allerdings einen kurvigen und erotischen Körper hast, dich selbstbewusst in deiner Haut fühlst und du kein Problem damit hast, deinen Körper nur leicht bekleidet oder teilweise nackt fotografieren zu lassen, dann wäre dieser Bereich eventuell etwas für dich. Überlege dir aber gut, ob du in dieser Nische tätig werden möchtest, da diese Bilder sowohl privat als auch beruflich oft gegen dich verwendet werden können oder sie dir vielleicht unangenehm sind, wenn du älter bist.

4.2 0815 war gestern! Das Business bietet immer mehr Möglichkeiten

Die oben genannten Nischen sind die gängigsten und häufigsten in der Branche. Allerdings gibt es noch eine Reihe anderer Möglichkeiten, als Model zu arbeiten und damit Geld zu verdienen. Im Folgenden findest du weitere Bereiche, in welchen es zwar nicht so viele Jobangebote gibt, in denen du aber trotzdem arbeiten kannst, wenn du den genannten Anforderungen entsprichst und eine Agentur findest, die dir einen Platz in einer jeweiligen Kategorie verschafft.

Nacktmodel
Nacktmodelle oder Erotikmodelle werden für Magazine wie zB. Playboy fotografiert und verfügen meist über einen perfekten, straffen Körper. Nicht selten mit operierten Brüsten oder einem besonders großen Po, bei welchem ebenfalls operativ nachgeholfen wurde.
Nacktmodelle können meist nicht lange im Geschäft bleiben und nur selten ihren Lebensunterhalt damit verdienen, da professionelle und sehr gut bezahlte Angebote von be-

kannten Erotikmagazinen eher selten und schwierig zu ergattern sind. Das wohl bekannteste Nacktmodel ist neben Pamela Anderson, Katie Price. Beide verdienten ihr Geld nach ihrer Karriere als Nacktmodel hauptsächlich durch Selbstvermarktung und dem Verkauf von eigenen Dessous-/Kleiderkollektionen oder Parfumreihen. Es ist wichtig zu wissen, dass es in keiner Model-Nische mehr schwarze Schafe gibt, als in dieser und dass Nacktaufnahmen nicht immer schön und professionell sind, sondern auch sehr intim und entwürdigend sein können. Viele bekannte Hollywoodstars wurden im Laufe ihrer Karriere von Privatpersonen erpresst, welche alte Nacktfotos oder Porno-Aufnahmen an die Presse bringen wollten oder dies tatsächlich getan haben.

Körperteilmodel
Wenn du extrem schöne Hände, Füße, Beine oder einen besonders knackigen Po oder schönen Rücken hast, kannst du als Körperteilmodel tätig werden. Meistens werden dabei nur Nahaufnahmen von speziellen Körperteilen gemacht. Firmen buchen dich für die Werbung von Handcremes, Bodylotions, Nagellack oder anderen Pflegeprodukten.
Als ein solches Model ist eine gute Pflege von beispielsweise Händen und Füßen eine unverzichtbare Voraussetzung. Hornhautfreie, glatte, weiche Haut mit gepflegten und ordentlich geschnittenen, sowie dezent lackierten Nägeln ist dabei ein absolutes Muss.

Tattoomodel
Tattoomodels kennzeichnen sich –wie der Name bereits verrät– durch ihre zahlreichen Tättowierungen und werden in der Regel nur für spezielle Tattoo-Magazine gebucht. Wenn du ein oder mehrere Tattoos besitzt, heißt das nicht automatisch, dass du als Tattoo Model arbeiten musst oder kannst. In der Regel sind in diesem Bereich nur Models ge-

fragt, deren gesamter Körper ein Kunstwerk voller Farben und Formen ist.

Rick Genest, auch bekannt als „Zombie Man", ist eines der bekanntesten Tattoomodels unserer Zeit. Durch seinen sehr speziellen Look und seine auffälligen Ganzkörper-Tättowierungen, schaffte er es auf zahlreiche Titelblätter weltweit bekannter Mode-Magazine, spielte im Musikvideo zu „Born this Way" von Lady Gaga mit und lief sogar auf den Shows von renommierten Designern wie zum Beispiel Thierry Mugler.

Fitnessmodel
Wie dir sicher aufgefallen sein dürfte, wächst das Angebot an Fitnessprodukten heutzutage extrem. Fast täglich lassen sich im Internet neue Coaching-Programme, Proteinshakes oder Sportmagazine im Verkauf finden. Hierfür werden selbstverständlich auch immer wieder Models gebraucht.

Als Fitnessmodel ist ein durchtrainierter Körper ein absolutes Muss. Du solltest klar sichtbare Muskeln besitzen, einen straffen Bauch mit leichtem Sixpack und ein durchtrainierter Po mit definierten Schenkeln. Bitte bedenke dabei stets, dass du als Fitnessmodel das Bild eines GESUNDEN Menschen vermittelst. Steroide und andere Aufbaupräperate als Karrierepush sind hier an falscher Stelle und eher von großem Nachteil. Hier geht es nicht um Bodybuilding, sondern um gesunde, schöne und sportliche Körper. Alles was darüber hinaus geht, lässt sich eher der Kategorie Bodybuilding zuordnen und hat nur noch wenig mit klassischem Modeln zu tun.

Seniorenmodel
Als Seniorenmodel kann man arbeiten, wenn man 55 Jahre oder älter ist und eine positive, glückliche Lebensausstrahlung hat. Falten und graue Haare sind dabei durchaus erwünscht. Im Allgemeinen ist die Attraktivität im Gesamterscheinungsbild wichtig. Gebucht werden Seniorenmodels für Werbeaufnahmen von Medikamenten, speziellen Zeitschriften oder für Designer, wenn diese einen speziellen, interessanten Typ suchen.

Deine Notizen:

Foto: Sebastian Klingk Photography

5. Der Einstieg in die Modelbranche

Jetzt, wo du gelesen hast welche Möglichkeiten es gibt als Model zu arbeiten, möchte ich dir zeigen, wie du Schritt für Schritt deinen Platz in der Modelwelt findest und sicherst.
Die gängigste Art ist es, dich bei einer Modelagentur zu bewerben. Solltest du keine passende Agentur finden, Absagen erhalten oder selbstständig als Model arbeiten wollen, dann gibt es selbstverständlich auch andere Möglichkeiten, in diesem Business Fuß zu fassen. Dazu aber später mehr.
Zunächst möchte ich dir aber Step by Step erklären, was eine Modelagentur überhaupt ist, wofür sie zuständig ist, wie du dich richtig bewirbst und vieles mehr.

5.1 Die Modelagentur

Was tut eine Modelagentur für mich und wozu brauche ich sie?
Eine Modelagentur kannst du dir wie eine Art persönlicher Betreuer vorstellen. Sie sorgt dafür, dass du an Fotoshootings kommst, mit deinen Bildern ein Modelbook aufbaust, eine Sedcard von dir erstellt wird und du daraufhin selbstverständlich gewinnbringende Jobs ergatterst.
In einer Agentur arbeiten meist mehrere sogenannte „Booker". Wenn du angenommen wirst, wird dir ein persönlicher „Bucher" zugeteilt, welcher regelmäßig Rücksprache mit dir hält und dich für verschiedene Jobangebote bei Kunden vorschlägt. Es ist wichtig, dass du zu deinem „Arbeitsvermittler" ein gutes Verhältnis hast, da dies deine Chancen auf gute Aufträge erhöht.
Außerdem kannst du ihr/ihm alle Fragen stellen, die dich momentan beschäftigen und mit dem Modeln zu tun haben, beispielsweise ob es Sinn macht, deine Haare in einer anderen Farbe zu tönen, wann du freie Tage nehmen kannst, ob

dein äußeres Erscheinungsbild momentan gut ist, oder ob es Verbesserungsvorschläge seitens der Agentur gibt. Es ist auch gut, deinem Booker mitzuteilen, welche Jobs dir besonders gut gefallen haben (damit er dich erneut für diese vorschlagen kann) und wenn du bei einem Auftrag schlecht behandelt wurdest (damit deine Agentur künftig nicht mehr mit diesem Kunden zusammenarbeitet).

♥ *Tipp: Beachte, dass dein persönlicher Booker nicht dein Chef ist und andersherum selbstverständlich du auch nicht seiner. Ein respektvoller, eher freundschaftlicher Umgang zwischen euch ist die perfekte Basis für eine gute Zusammenarbeit. Solltest du mit deinem Betreuer/deiner Betreuerin nicht zurechtkommen, so versuche zunächst das persönliche Gespräch aufzusuchen. Wenn es anschließend nicht besser wird, kannst du die Agenturleitung darum bitten, dir einen anderen Booker zuzuweisen.*
♥ **In der Modelversity habe ich für dich ein Interview mit Bookerin Nayla online gestellt, in dem sie gemeinsam mit mir über die Welt des Bookings spricht und exklusive Tipps für dich bereit hält.**
(www.modelversity.de)

Was sind die Vor- und Nachteile wenn ich mich von einer Modelagentur vertreten lasse?

Vorteile:
- Deine Agentur organisiert Fotoshootings, erstellt dir eine Sedcard und ein persönliches Modelbuch.
- Durch eine gute Modelagentur genießt du einen gewissen Schutz. Wenn ein Kunde beispielsweise die vereinbarte Gage nicht zahlt oder sich die Zahlung um einige Wochen oder Monate verzögert, hat deine Agentur in der Regel Anwälte und kann vor Gericht ziehen, ohne dass Kosten für dich entstehen.

- Deine Agentur ist in der Regel an 5 Tagen in der Woche erreichbar und kann dir somit bei allen deinen Fragen zur Verfügung stehen.
- Dein Booker plant bzw. organisiert für dich alle Castings und Jobs, ohne dass du etwas dafür tun musst, wodurch du dir selbst viel Zeit und Arbeit ersparst.
- Deine Agentur achtet darauf, dass die angenommen Jobangebote zu deinem Image passen und die Bilder je nach Vereinbarung mit dem Kunden korrekt veröffentlicht werden.
- Die Höhe der Gage, sowie zusätzliche Zahlungen wie Anreise, Unterkunft und Verpflegung für sämtliche Jobs organisiert deine Agentur für dich, da diese den Markt besser kennt und weiß wieviel Lohn ein Model für welche Tätigkeit in der Regel erhält.

Nachteile:
Jede Modelagentur verlangt für diese Dienstleistungen eine Provision (also einen Teil des Geldes, dass du durch sie verdienst). In der Regel sind die finanziellen Abgaben an Modelagenturen im Ausland fast doppelt so hoch wie hier in Deutschland, allerdings verdienst du international auch meist mehr Geld als hierzulande, sodass ein Ausgleich herrscht. 25% Vermittlungsprovision sind für den deutschen Markt üblich. Ansonsten gibt es keine Nachteile, sich durch eine Agentur vermitteln zu lassen.

Woran erkenne ich eine seriöse Agentur?
Solltest du bereits im Internet nach dem Begriff „Modelagentur" recherchiert haben, so dürfte dir aufgefallen sein, dass zu diesem Begriff Suchergebnisse wie Sand am Meer existieren. Es gibt zahlreiche Webseiten, welche dir bereits auf ihrer Startseite große Versprechungen machen und sich als eine professionelle Agentur ausgeben – Es in Wahrheit jedoch nicht sind. Jeder kann heutzutage mit ein paar

schnellen Handgriffen eine Website erstellen und sich dort gut verkaufen. Nicht selten stößt du auf unmoralische Angebote, bei denen du eine Aufnahmegebühr in Höhe von mehreren hundert Euro zahlen sollst, anschließend aber nie einen Service für dein Geld erhälst, geschweige denn eine Rückmeldung. Da ich dich vor solchen Betrügern schützen möchte und mir wünsche, dass du einen guten Start in das Modelbusiness hast, kannst du unter der folgenden Checklisten einsehen, worin sich die seriösen Agenturen von den Abzockern unterscheiden:

Eine professionelle Modelagentur
→ verfügt über ein eigenes Büro und befindet sich nicht in einer privaten Wohnung.
→ lädt dich vor der Aufnahme zu einem persönlichen Gespräch ein und testet dort dein Talent.
→ kann gute Referenzen vorweisen. Es gibt auf der Webseite eine Liste von Firmen und Designern für welche die Agentur bereits vermittelt hat oder es ist in den Sedcards der Models ersichtlich, dass diese bereits von echten Kunden für namenhafte Magazine, Werbekampagnen usw. gebucht wurden.
→ nimmt sich stets Zeit für dich und deine Fragen, besonders am Anfang.
→ sagt dir ehrlich wie deine Chancen stehen und verspricht dir nicht den Himmel auf Erden.
→ verlangt keine Aufnahmegebühren und streckt dir zu Beginn viele Kosten vor. Schließlich glauben sie an dich und dein Talent und sind der Überzeugung, das Geld durch Jobvermittlungen wieder reinzubekommen. (Nach deinem ersten bezahlten Job zieht dir die Agentur die angefallenen Kosten ganz einfach von deiner Gage ab.)
→ hat kein Problem damit, wenn du zu Beginn einen Elternteil zur Agentur, zu Castings oder den ersten Aufträgen mitbringst.

→ erklärt dir den genauen Ablauf, nachdem du von einem Kunden gebucht wurdest, damit du bescheid weißt und dich optimal darauf vorbereiten kannst.

Unseriöse Modelagenturen oder sogenannte „Abzocker"
→ haben meist eine völlig überladene Webseite mit hunderten bis hin zu tausenden „Models" in ihrer Kartei, welche weder über Referenzen, noch über professionelle Bilder verfügen und wahllos, ohne die Einteilung in Kategorien in einer ewigen Namensliste präsentiert werden.
→ verlangen hohe Aufnahmegebühren und versprechen dir im Gegenzug viele Jobs.
→ schalten oft Werbeanzeigen in der Zeitung oder veranstalten sogenannte „Like-Votings" (Ein Wettbewerb, bei welchem der Teilnehmer mit den meisten „Gefällt mir"-Angaben gewinnt.) auf sozialen Netzwerken wie Facebook usw.
→ kommen oft von sich selbst aus auf dich zu und laden dich zu einem Massencasting ein.
→ empfehlen dir einen operativen Eingriff oder radikale Diäten für bessere Chancen.
→ sind telefonisch oder persönlich nicht erreichbar und meiden den näheren Kontakt.

♥ *Tipp 1: Wenn du dir sehr unsicher bist, ob du einer Agentur trauen kannst, so schreibe dir ein paar Namen der Models aus der Kartei heraus und suche diese auf sozialen Netzwerken. Einmal gefunden, kannst du diese direkt fragen wie zufrieden sie mit Ihrer Agentur sind und ob sie diese von Herzen weiterempfehlen können.*
Da du in der Regel nicht nur bei einer Agentur unter Vertrag kommst, kannst du außerdem (wenn du bereits erfahrener bist) auf Fotoshootings oder Laufstegshows, Modelkollegen, Fotografen und Visagisten fragen, welche Agenturen

sie dir empfehlen können und mit welchen sie eher schlechte Erfahrungen gesammelt haben.

♥ *Tipp 2: Besonders in Acht nehmen solltest du dich vor Internetplattformen und -foren, in welchen sich JEDER ohne weitere Kontrolle registrieren kann (Beispielsweise die sogenannte Modelkartei). Diese sind ähnlich aufgebaut wie soziale Netzwerke und bieten meist ein großes Angebot an Models, Fotografen, Visagisten usw. Natürlich kann man derartige Platformen als gute Möglichkeit sehen, kostenlos an Fotoshootings zu kommen, allerdings treiben sich genau dort sehr viele Betrüger und Verbrecher herum: Diese Betrüger nutzen die Unerfahrenheit junger Mädchen und Jungs aus, um diese, unter dem Vorwand dass ihnen eine steile Karriere bevorstünde, zu sich nach Hause einzuladen und dort unseriöse Bilder zu machen.*

♥ **Tipp 3: Wirf ganz einfach einen Blick in die Modelversity (www.modelversity.de). Dort findest du eine Liste seriöser und geprüfter Agenturen in Deutschland, denen du vertrauen kannst.**

Ich habe eine oder mehrere gute Agenturen gefunden – Wie bewerbe ich mich richtig?

Am besten ist es, wenn du dein Glück zunächst bei Agenturen versuchst, welche sich bei dir in der Nähe oder in der nächstgrößeren Stadt befinden, so sparst du dir lange, kostspielige Reisen.

Rufe ihre Webseite auf und suche dort entweder die vorgefertige Bewerbungsseite oder die E-Mail- Adresse heraus. Wenn du dich auf der vorgefertigten Bewerbungsseite einträgst, musst du ganz einfach den verlangten Schritten folgen und anschließend das Formular absenden. Meist findest du dieses unter dem Begriff „Model werden/Become a model" auf der jeweiligen Agenturwebseite.

Sollte es dieses Formular nicht geben oder wenn es dir lieber ist, selbst eine Nachricht zu verfassen, dann kannst du diese, nach folgender Vorlage, an die E-Mail -Adresse der Modelagentur senden:

Sehr geehrtes Mustermann Model-Management,

Gerne möchte ich mich bei Ihnen als Model bewerben. Ich heiße... bin... Jahre alt und gehe noch zur Schule / mache derzeit eine Ausbildung als... Im folgenden finden Sie meine persönlichen Daten und Körpermaße.

Name:
Anschrift:
Kontakt (Telefon und E- Mail):

Körpergröße:
Brustumfang:
Taillenumfang:
Hüftumfang:

Hautfarbe:
Haarfarbe:
Augenfarbe:

Gewicht:
Konfektionsgröße:
Schuhgröße:

Im Anhang haben Sie Einsicht auf meine Polaroids, sowie mein Modelbook. Über eine Rückmeldung und eine persönliche Einladung freue ich mich sehr.

Liebe Grüße,
Marie Mustermann

Falls dir diese E-Mail Vorlage zu kurz und unpersönlich vorkommt, kannst du gerne auch Gründe angeben, wieso du dich speziell bei dieser Agentur bewerben willst. Vermeiden solltest du dabei Aussagen wie „Ich wollte schon immer ein Model werden" oder „Ich möchte berühmt werden" etc. Beschränke dich eher auf dezente Aussagen, beispielsweise dass es dir Spaß macht vor der Kamera zu posieren oder dir aus dem Freundes- und Bekanntenkreis empfohlen wurde, es zu versuchen.

♥ *Tipp 1: Achte darauf, deine Körpermaße in cm anzugeben und vermeide Abweichungen von über 2 Zentimetern oder eine Retuschierung deiner Polaroids. Merkt die Agentur beim persönlichen Treffen, dass du bei deinen Maßen und Fotos viel gemogelt hast, wird diese dich aus Prinzip nicht in ihre Kartei aufnehmen.*
♥ *Tipp 2: Gib nicht beim ersten Versuch auf. Oftmals benötigst du mehrere Versuche bei unterschiedlichen Agenturen, bis dich eine in ihre Kartei aufnimmt und bereit ist, mit dir zusammenzuarbeiten. Vergiss dabei nicht die unterschiedlichen Modelnischen. Wenn du beispielsweise als Plus Size Model arbeiten möchtest, solltest du dich selbstverständlich nicht bei einer Agentur bewerben, die bisher keine Plus-Size Models in ihrer Kartei hat.*

Eine Agentur hat mich zu einem persönlichen Treffen eingeladen – Was erwartet mich?
Erscheine bei deinem Termin so natürlich wie nur möglich. Du solltest auf Makeup am besten komplett verzichten oder dieses nur sehr dezent auftragen, damit die Mitarbeiter der Agentur deine Natürlichkeit und deine Hautbeschaffenheit gut sehen können. Profis aus einer Modelagentur sehen am Tag hunderte junge Mädchen und Frauen ungeschminkt und können sofort erkennen, was man aus dir mit gewissem Styling „machen" kann und wer als Model geeignet ist bzw.

wer nicht. Aus diesem Grund brauchst du keine Angst davor haben, dass die Mitarbeiter der Agentur dich nicht schön genug finden könnten. Dein Outfit sollte schlicht, figurbetont und vorallem bequem sein. Bei einem so wichtigen Termin bist du bereits nervös genug. Nichts wäre nun noch lästiger als eine zu enge Hose oder ein kneifender Slip. Verzichte außerdem auf einen Push-Up BH, da dieser die Brustweite beim Maße nehmen verfälscht.

Bringe außerdem ein paar private Schnappschüsse von dir mit, das können beispielsweise Bilder aus deinem letzten Urlaub sein. Darauf erkennen die Profis der Agentur wie du ganz allgemein auf Aufnahmen wirkst, also mach dir keine Sorgen wenn du auf den Bildern nicht aussiehst wie ein Hollywoodstar. Solltest du bereits ein oder mehrere professionelle Fotoshootings gemacht haben, so bringe diese Bilder ebenfalls mit. Es ist jedoch nicht nötig, dass du vor einem Termin in der Agentur extra zu einem Fotografen gehst und dort gegen Geld Fotos von dir machen lässt Denn meistens entsprechen die Aufnahmen eines Portrait- und Peoplefotografen, wie du sie meist in der Innenstadt findest sowieso nicht dem geforderten Material, um sich in der Fashionbranche erfolgreich auf einen Job zu bewerben. Diese sind mit einem Profi-Fashion-Fotografen nicht zu vergleichen. Auf der anderen Seite gibt es jedoch auch genau diese Fashion-Fotografen, welche in enger Kooperation mit Modelagenturen stehen und dir Sedcard-Shootings in geforderter Qualität anbieten. In diesem Fall wäre es für dich eine sich lohnende Investition und könnte dir auch dabei helfen, deine ersten Jobs schneller zu ergattern als üblich.

Während des Gesprächs geht es zunächst einmal nur ums kennenlernen. Die Booker werden dir einige Fragen stellen – Aber keine Sorge! Wichtig ist ihnen dabei nur zu sehen, ob du eher selbstbewusst oder schüchtern und neugierig oder zurückhaltend bist. Außerdem bekommst du Informationen über die Agentur, also wie diese arbeitet und worauf es beim Modeln ankommt. Ist die Agentur an dir sehr interessiert, so werden die entsprechenden Booker noch einige Polaroids (siehe Modellexikon) von dir schießen und deine Maße nehmen. In der Regel dauert ein solcher Termin ca. eine halbe bis dreiviertel Stunde.

In den meisten Fällen entscheidet sich eine Agentur nicht sofort für oder gegen eine Aufnahme in die Kartei, da das gesamte Team das Model für geeignet halten und von deinem Potenzial überzeugt sein muss, um dich authentisch an Kunden vermitteln zu können. Aus diesem Grund gibt es in der Regel erstmal ein Meeting in welchem diskutiert wird, ob du in die Kartei passt, welcher Nische man dich zuordnen kann, ob und wie sehr dein Typ bei Kunden gefragt ist und ob es sich lohnt, dich vom New Face (siehe Modellexikon) bis hin zum professionellen Model aufzubauen und somit viel Zeit und Geld in dich zu investieren. Wenn sich während des Gesprächs jedoch bereits herausstellen sollte, dass die Agentur dich gerne in ihre Kartei aufnehmen möchte, so solltest du keinesfalls Blind vor Euphorie einen Vertrag unterzeichnen, ohne diesen gründlich gelesen zu haben.

Am besten nimmst du den vorgelegten Vertrag mit nach Hause und liest ihn dir dort in aller Ruhe (gerne auch gemeinsamen mit deinen Eltern oder Bekannten) durch. Keiner seriöse Agentur wird etwas dagegen haben.

♥ *Tipp 1: Übe Zuhause vor dem Spiegel wie du für die Polaroids posen möchtest und welche Mimik dir dabei gefallen würde. Damit entfällt für dich die erste Unsicherheit und es gibt eine Hürde weniger, die du überwinden musst.*
♥ *Tipp 2: Plane die Anfahrt zur Agentur rechtzeitig und sei lieber 20 Minuten vor deinem Termin da. Am besten schaust du hierfür im Internet nach geeigneten Verkehrsverbindungen.*

Nichts macht einen schlechteren Eindruck als eine Verspätung beim ersten Termin. Auch Ausreden wie „Stau" oder „der Bus kam nicht rechtzeitig" machen die Situation nicht besser, denn die Agentur geht eher davon aus, dass du das Treffen nicht ernst nimmst und auch bei wichtigen, künftigen Terminen wie Castings oder GoSees zu spät kommen wirst. Solltest du trotzdem spät dran sein, ist es wichtig, dass du anrufst und um Entschuldigung bittest.
♥ *Tipp 3: Schalte dein Handy aus oder stelle dieses lautlos. Nichts ist nerviger als ein klingelndes Handy bei einem Geschäftstermin.*
♥ *Tipp 4: Überlege dir vorab, was du wissen möchtest und welche Fragen du während des Gesprächs stellen willst. Am besten schreibst du alles nieder. Unter Nervosität gleicht der Kopf oftmals einem Sieb.*

Ein Vertrag wird mir vorgelegt – Wie erkenne ich ob die Vetragskonditionen in Ordnung sind?
Verträge sind wichtig für die Regelung bestimmter Pflichten, Leistungen und Zahlungen. Viele Agenturen arbeiten ohne Vertrag und gehen mit dir gemeinsam mündliche Vereinbarungen auf Vertrauensbasis ein. Es ist immer besser, vertraglich abgesichert zu sein, um etwas in der Hand zu haben, wenn es einmal hart auf hart kommen sollte. Aus diesem Grund solltest du dich nicht schämen, nach einem Vertrag bei deiner Modelagentur nachzufragen, sofern dir bisher keiner vorgelegt wurde. Wichtig ist, dass im Vertrag die finanziellen Konditionen wie beispielsweise die Vermittlungsprovisionen festgelegt sind. In der Regel beträgt die Vermittlungsprovision in Deutschland (!) 25 Prozent deiner Nettogage. Skeptisch solltest du werden, wenn der Prozentsatz dir zu hoch erscheint. Außerdem sollte dein Vertrag dich nicht über einen bestimmten Zeitraum binden. Zu jedem Zeitpunkt solltest du in der Lage sein, die Agentur zu verlassen, ohne dafür vor Gericht ziehen zu müssen.

Beachte dabei aber unbedingt, dass niemand über Nacht zum Topmodel wurde und der Aufbau deines Modelbooks in der Regel ein bis zwei Jahre dauert. Dies hängt davon ab, wieviel Zeit du investierst und wie intensiv deine Modelagentur gemeinsam mit dir arbeitet.

Wenn du etwas aus dem Vertrag nicht verstehst, sollte deine Agentur dir Auskunft geben können. Manchmal kann es auch gut sein, einen Anwalt über den Vertrag schauen zu lassen, wenn du dir zwecks der Konditionen oder der „Rechtssprache" extrem unsicher bist.

Let the show begin! Eine Agentur hat mich aufgenommen – Wie geht es nun weiter?

Zunächst ist es wichtig, die folgenden Punkte zu beachten, wenn du mit deiner Agentur einen guten Start haben möchtest und eine ernsthafte Karriere anstrebst:

1) Sei immer mobil erreichbar. Solltest du unter der Woche beispielsweise zur Schule gehen, so bitte deinen Booker am besten darum, dich während bestimmten Zeiten nur per E-Mail zu kontaktieren, damit der Unterricht nicht durch dein klingelndes Handy gestört wird.

2) Prüfe mindestens ein Mal am Tag deine E-Mails, SMS'en und deinen Briefkasten um sofort informiert zu sein falls Anfragen, Optionen (siehe Modellexikon) oder Jobs eingetroffen sind.

3) Rufe deinen Booker selbstständig zurück wenn du siehst, dass dieser angerufen hat oder dir eine Nachricht hinterlassen hat. Sonst besteht die Möglichkeit einen wichtigen Job zu verpassen.

4) Wenn du einen Urlaub planst, solltest du dies deinem Booker mitteilen, damit dich deine Agentur für diesen Zeitraum nicht für Jobs vorschlägt.

5) Auch wenn du krank wirst solltest du deinen Booker darüber informieren.

6) Verlasse dich nicht ganz auf die Arbeit der Agentur, sondern organisiere auch selbst TFP-Shootings (siehe Modellexikon) um dein Book mit neuen Bildern zu füllen.

Wenn du die obigen Punkte beachtest, kann dir und deinem Werdegang zum Profi-Model nichts mehr im Weg stehen. Deine Agentur wird ab sofort Testshootings für dich organisieren, dir eine Sedcard erstellen, ein Modelbuch mit dir aufbauen und dir dabei helfen, deine ersten Erfahrungen in der Branche zu sammeln.

♥ *Ein letzter Tipp: Eine Modelagentur pro Großstadt halte ich für angemessen. Die Vertretung durch mehrere Agenturen steigert deine Chancen auf mehr Jobs und somit auf eine finanzielle Absicherung. Solltest du eine Mutteragentur (siehe Modellexikon) in deiner Nähe haben, so frage diese ob es in Ordnung ist, wenn du dich bei weiteren Agenturen bewirbst oder ob deine Mutteragentur vielleicht sogar in Kooperation mit weiteren (auch ausländischen) Agenturen steht, an welche sie dich vermitteln können. Je mehr Agenturen, umso mehr Jobs und desto mehr Geld.*

5.2 Wie du als Freelance Model Karriere machst

Zu Beginn dieses Kapitels habe ich erwähnt, dass du selbstverständlich auch selbstständig als Model tätig werden kannst. Also ohne dich dabei von einer Agentur vertreten zu lassen. Um dir darüber im Klaren zu werden, ob du wirklich als Freelance (Englisch für Selbstständig) Model arbeiten möchtest, oder die Vertretung durch eine Agentur für dich eher in Frage kommt, habe ich dir hier Vor – und Nachteile aufgelistet, welche sich durch eine eigenständige Organisation ergeben:

Vor- & Nachteile

Vorteile:

- Die Vermittlungsprovision entfällt vollständig. Da du selbst von Testshootings, über Castings bis hin zu bezahlten Jobs alles selbst planst, musst du keinen Prozentsatz deiner Gage abgeben.
- Die Planung aller Dinge liegt ganz bei dir! Du darfst selbst entscheiden, mit wem du zusammenarbeiten möchtest und für welches Geld.
- Du bist völlig frei in der Hinsicht, wann, wo und wie oft du arbeitest.

Nachteile:

- Da du mit deiner Tätigkeit Geld verdienst, musst du dafür auch einen Gewerbeschein beantragen. Vorallem wenn du Minderjährig bist kann das kompliziert werden, da du für einen Gewerbeschein unter 18 die schriftliche Erlaubnis deiner Eltern, sowie eine Bestätigung des Familiengerichts brauchst, wofür du wiederrum zusätzlich einen Antrag stellen musst.
- Anfängliche Kosten für Shootings, Sedcards und Bilddrucke musst du komplett selbst übernehmen.
- Unkosten (wie beispielsweise eine Gerichtsverhandlung, wenn der Kunde nicht dem Vertrag gemäß zahlen möchte) wirst du komplett selbst übernehmen müssen.
- Durch deine anfängliche Unerfahrenheit in der Branche, wirst du nur sehr schwer oder eventuell auch gar nicht unterscheiden können, welche Fotografen für deine ersten Sedcardshootings geeignet sind und welche Kunden einen seriösen Eindruck machen.

Der richtige Weg
Viele Models haben erst damit begonnen, sich über eine Modelagentur vermitteln zu lassen und sich erst nach einigen Jahren als Fotomodel selbstständig zu machen. Dies ist ein intelligenter Weg, wenn man sich als Model bereits „einen Namen" gemacht hat und die richtigen Kontakte über einen längeren Zeitraum hinweg sammeln konnte.
Sicherlich fragst du dich, wie man als selbstständiges Model an Kunden kommt bzw. diese auf sich aufmerksam macht. Somit sind wir beim entscheidenen Punkt: Das Wichtigste ist hierbei deine Eigeninitiative zur Organisation deiner ersten Shootings, deine Internetpräsenz und deine Reichweite auf sozialen Netzwerken. Seit der Zeit der Digitalisierung wurde der Bekanntheitsgrad eines Models immer wichtiger, vorallem wenn es darum geht Kunden auf sich aufmerksam zu machen.

Welche sozialen Medien es gibt, wieso diese so wichtig sind und wie du dir dort einen Namen machst, das erfährst du in der Modelversity (www.modelversity.de).

Eine eigene Webseite ist für dich als Freelancer unumgänglich, da sie für dich einen Ersatz zur Portfolio-Präsentation auf einer Agenturwebseite ist. Das Wichtigste dabei ist, dass deine Webseite eine Galerie mit deinen bisherigen Modelfotos enthält, ohne dabei überladen zu sein. Versuche möglichst viele unterschiedliche Fotos mit vielen abwechslungsreichen Gesichtsausdrücken und Posen zu benutzen. Damit dich potenzielle Kunden kontaktieren können, wenn diese dich buchen wollen, solltest du auf der Webseite außerdem eine Kontakt-Kategorie mit deiner E-Mail Adresse und deiner geschäftlichen (!) Mobilnummer haben.

♥ *Tipp: Die Freude ist groß wenn du deine ersten Anfragen per E-Mail oder telefonisch erhälst. Du solltest dich davon jedoch nicht überrumpeln lassen und jeden Auftrag wahllos annehmen. Es ist wichtig zu selektieren und den potenziellen Kunden auf dessen Seriösität und Identität zu prüfen, beispielsweise indem du dessen Unternehmen genau unter die Lupe nimmst und vorab persönlich bei einem Telefonat klärst, welche Aufnahmen gemacht werden, wozu sie verwendet werden und welchen Vertrag man dir hierfür vorlegt. Wobei es in der Regel noch besser ist, einen eigenen Vertrag vorzulegen.*
Vorlagen hierfür findest du ebenfalls in der Modelversity. (www.modelversity.de)

Um eine Webseite erstellen zu können und sich auf sozialen Netzwerken einen Namen zu machen, benötigt man selbstverständlich zunächst einmal professionelle Bilder. Am Anfang ist es daher besonders wichtig, viele TFP-Shootings zu organisieren. Dies kannst du, indem du Fotografen kontaktierst, deren Bilder dir besonders zusprechen. Bitte beachte hierbei, dass du nicht unbedingt einen Starfotografen kontaktierst, wenn du bisher keinerlei Fotos hast, aber dich auch nicht ausschließlich nach Hobbyfotografen umschauen solltest, deren Leistungen nicht wirklich gut sind. Besonders wenn du bisher komplett unerfahren bist, wirst du für TFP-Shootings hauptsächlich Absagen erhalten, da der jeweilige Fotograf nicht einschätzen kann wie du auf Bildern wirkst. Die einzige Möglichkeit dieses Problem zu umgehen ist es, dein erstes Sedcardshooting zu buchen und dafür zu bezahlen.
Wenn du erst einmal ein gutes Book aufgebaut hast und stetig weiter Firmen und Fotografen kontaktierst, wirst du bereits nach kurzer Zeit deine ersten Erfolge erleben und Geld verdienen können.

Die Künstlerdienste der Arbeitsagentur
Die Künstlervermittlung ist eine tolle Alternative zur klassischen Modelagentur und bietet viele Vorteile. Die Aufnahme in die Kartei der bundesweiten zentralen Fachvermittlung für Models, Komparsen und Schauspieler ist unkompliziert und weniger anspruchsvoll als bei einer klassischen Modelagentur. Da es sich dabei um einen Dienst der Agentur für Arbeit handelt, musst du als Model keine Provision an deine Vermittler abgeben. Der Service ist für dich komplett kostenlos und bietet ohne Ausnahme nur Vorteile. Um dich von der Künstlervermittlung vertreten zu lassen, musst du einen Gewerbeschein besitzen und als selbständiges Model gemeldet sein, da du sonst keine Rechnungen an Kunden ausstellen kannst.

5.3 Modelwettbewerbe, Castingshows und Misswahlen als Weg zum Erfolg?

Sicherlich hattest du bereits vor, oder während dem Lesen einige Male daran gedacht, wie es wohl wäre an einem Modelwettbewerb, einer Castingshow (wie beispielsweise Germanys Next Topmodel) oder gar einer Misswahl teilzunehmen. Auch ich habe mich während meiner Modelkarriere, mehrere Male mit diesem Gedanken auseinandergesetzt und möchte dir nun dabei helfen, den richtigen Weg zu gehen und dir bei deiner Entscheidung unter die Arme zu greifen.
Beginnen möchte ich nun mit dem klassischen Modelwettbewerb. Dieser wird in der Regel von Agenturen organisiert, welche nach potenziellen New Faces (siehe Modellexikon) ausschau halten und neue Mädchen in ihre Agentur aufnehmen möchten. Der weltweit bekannteste Modelwettbewerb ist der „Elite Model Look", welcher Topmodels wie Gisele Bündchen und Alessandra Ambrosio bekannt machte. Gisele Bündchen wurde damals „nur" Drittplatzier-

te und wurde einige Jahre später eines der teuersten Models der Welt. Solltest du also erfolgreich an einem großen Modelwettewerb teilnehmen, kann dies ein direkter Einstieg in die Modelwelt sein. Auch wenn du nicht gewinnen solltest, kann es beispielsweise passieren, dass dich ein guter Modelscout auf der Bühne entdeckt und dich dabei unterstützen möchte, eine Karriere in der Branche zu beginnen. In Acht nehmen solltest du dich vor Modelwettbewerben von großen Kaufhäusern oder Einkaufszentren, diese sind oft Massenveranstaltungen ohne Selektion. Gewinnt man bei diesen Wettbewerben, wird man oft vertraglich an einen Zeitraum gebunden, ohne Gagen hierfür zu erhalten. Des weiteren sind diese Veranstaltungen bei den Profis der Branche nicht bekannt. Eine Teilnahme hat für dich also keine großen Vorteile, außer die Erfahrung selbst.
Der kommerziell wohl bekannteste Weg, ein Model zu werden sind Castingshows wie beispielsweise „Germanys Next Topmodel". Die Teilnahme an Castingshows kann eine extrem schöne Erfahrung sein, besonders dann wenn du es liebst, in fremde Länder zu reisen, die Welt zu entdecken und viele neue Erfahrungen zu sammeln. Wenn du einen schnellen Erfolg erzielen möchtest, ist eine Castingshow das ideale Karriere-Sprungbrett, da innerhalb weniger Wochen tausende von Menschen und Modelagenturen auf dich aufmerksam werden. Dadurch kannst du nach deiner Teilnahme selbstständig als Model arbeiten, da Kunden von selbst auf dich zukommen oder deine Chancen für die Aufnahme in eine Modelagentur extrem verbessert werden. Jedoch gibt es auch hier eine Schattenseite. So kann dir die Teilnahme an einer Castingshow von heute auf morgen deine gesamte Privatsphäre nehmen. Die Öffentlichkeit wird sich in dein Privatleben einmischen und dich auf Schritt und Tritt verfolgen. Gerade für junge Mädchen, welche sich noch nicht selbst gefunden haben, ist dies eine extrem schwierige Erfahrung und kann im schlimmsten Fall auch

zu Depressionen oder einer Persönlichkeitsveränderung führen. Solltest du also empfindlich gegenüber der Meinung anderer Menschen über dich sein, so ist dieser Weg vermutlich nicht der richtige für dich. Ein weiteres Problem ist, dass die vertraglichen Bindungen einer TV Show dich bei deinem weiteren Weg und deiner persönlichen Meinungsäußerung einschränken können, beispielsweise wenn du einen Vertrag unterschreibst in welchem steht, dass du künftig mit keinen weiteren Agenturen oder Castingsshows zusammenarbeiten darfst und du vor der Kamera Dinge sagen sollst, welche nicht wirklich deinen Gefühlen und Gedanken entsprechen, sondern die des Drehbuches. Auch die Gewinner erzielen nicht immer den versprochenen Erfolg und tauchen oftmals in der Masse unter.

Zusammenfassend möchte ich hier also anmerken, dass die Teilnahme an einer Castingshow eine großartige Möglichkeit ist, im Business Fuß zu fassen, neue Erfahrungen zu sammeln, selbstständiger zu werden und später gutes Geld zu verdienen, allerdings mit Vorsicht zu genießen sein sollte. Letzten Endes rate ich an dieser Stelle nicht von einer Teilnahme ab, viel mehr möchte ich dich darin unterstützen, deine eigenen Erfahrungen da zu sammeln, wo ich sie leider nicht habe.

Misswahlen sind von Agenturwettbewerben und Castingshows deutlich zu unterscheiden. Sie machen Spaß, garantieren jedoch keinen Einstieg in das Modelbusiness. Oft dienen Misswahlen hauptsächlich der Unterhaltung des männlichen Publikums, sind eine ideale Möglichkeit Produktwerbung zu bertreiben und du, als Mädchen mit großen Träumen, kannst als Werbegesicht ausgenutzt werden, ohne dafür auch nur einen Penny zu erhalten. Selbstverständlich gibt es auch hier Ausnahmen, so ist beispielsweise die „Miss Germany"-Wahl hochwertiger gestaltet, als andere Misswahlen und bietet dir eine gute Möglichkeit, etwas von der Welt zu sehen und deinen Namen bekannter zu machen.

*Zu Beginn meiner Modelkarriere hielt ich immer wieder Ausschau nach Wettbewerben und offenen Castings. Bei meiner Suche stieß ich dabei auf einen Modelwettbewerb für Mädchen zwischen 13 und 16 Jahren, welcher in einem Einkaufszentrum einer nahe gelegenen Stadt stattfinden sollte. Begeistert meldete ich mich vorab per E-Mail an und erschien am ausgeschriebenen Datum an der genannten Adresse. Dort angekommen, musste ich relativ schnell feststellen, dass es trotz der Vorab-Anmeldung keinerlei Selektion der Teilnehmerinnen gab. Meine Konkurrenz bestand zu über 60 % aus Mädchen, welche aufgrund ihrer Größe und ihres extrem kindlichen Gesamterscheinungsbildes zu diesem Zeitpunkt allerhöchstens als Kindermodels hätten arbeiten können. Da ich auf der Suche nach einem professionellen Modelwettbewerb für junge Teenager war, merkte ich relativ schnell, dass dies nicht meinen Vorstellungen entsprach. Bereits nach 5 Minuten drückte man den Teilnehmerinnen eine sogenannte „Vereinbarung" in die Hand, welche deren Eltern doch bitte für sie unterschreiben sollten. Ich studierte den vorgelegten Vertrag neugierig und obwohl ich mit meinen 14 Jahren eine der jüngsten Teilnehmerinnen dort war, merkte ich, wohl als Einzige, dass es sich hierbei um nichts anderes als komplizierte, unverständliche Rechtssprache handelte, welche dazu diente, die unprofessionellen Vertragskonditionen so zu umschreiben, dass jeder bereitwillig unterschrieb und am Wettbewerb teilnahm. Letzten Endes hieß es auf dem Papier, man sei 1 Jahr lang vertraglich daran gebunden, ausschließlich für dieses Einkaufszentrum zu modeln, wann immer das Management dies wolle und das ganze ohne jegliche Vergütung. Ich bedankte mich für die Einladung und verließ den Saal.
An diesem Beispiel siehst du, dass auch ich anfangs nur eines von hunderten Mädchen war, welches den Traum hatte zu modeln und sich dafür zu Beginn wahllos von Wettbewerb zu Wettbewerb und von Casting zu Casting schleppte.*

Deine Notizen:

Foto: Maximilian Kamps
www.maximiliankamps.com

6. Das [erste] Fotoshooting

Du hast es geschafft! Deine Agentur hat für dich ein Testshooting organisiert, du hast als Freelance Model ein TFP-Shooting ergattert oder die Teilnahme an einem Wettbewerb (oder einer Castingshow) bietet dir die Möglichkeit für dein erstes Fotoshooting.
Egal welchen der oben genannten Wege du gewählt hast, die Vorbereitung und der Ablauf eines Fotoshootings ist und bleibt immer gleich. Damit du optimal vorbereitet bist und mit einem guten Gefühl diesen wichtigen ersten Schritt gehst, habe ich für dich das Wichtigste zusammengefasst.

6.1 Gut vorbereitet starten

Ein guter Start in den Tag hilft dir, intensives Arbeiten über mehrere Stunden hinweg ohne großen Aufwand durchzustehen. Es ist also von Vorteil, wenn du am Abend vor deinem Termin nicht zu spät ins Bett gehst und am nächsten morgen früh genug aufstehst. So hast du Zeit, ausgewogen zu frühstücken, ein Magazin zu lesen oder Musik zu hören, welche du gern magst und dich entspannt. Wenn du eine besonders gesunde, fitte und glückliche Ausstrahlung mit ans Set bingen willst, kannst du vor deinem Termin noch im Fitnessstudio vorbeischauen, oder eine Runde joggen gehen wenn dafür nach dem Aufstehen noch genügend Zeit bleibt.
Welche Kleidung du zum Termin trägst, ist im Grunde genommen völlig egal. Du bekommst vor Ort meistens sowieso Outfits gestellt oder nimmst dir weitere Stücke in einer Tasche mit. Wichtig ist nur, dass du keine engen Textilien wählst, welche auf deiner Haut Druckstellen hinterlassen (z.B. die Nähte deiner Jeans oder den Bund deiner Socken). Dasselbe gilt auch für Schmuck. Diesen lässt du im Idealfall zu Hause. Deine Unterwäsche sollte, wenn nicht anders

vorgegeben, Hautfarben sein. Diese erhälst du in fast jedem Kaufhaus für wenig Geld. Achte beim Kauf darauf, dass die Träger des BH's abnehmbar sind und du vom Slip zwei Varianten kaufst: Einen String und ein normal geschnittenes Höschen.

Schminken solltest du dich vor deinem Fototermin nicht, darum kümmert sich am Set eine professionelle Makeup-Artistin. Es reicht völlig aus, wenn du dein Gesicht wäschst und eine erfrischende Tagescreme verwendest. Deine Haare wäschst du am besten am Abend vor dem Shooting und benutzt dabei keine Spülungen oder Öle. Oft bekommst du bei Fotoshootings außergewöhnliche Frisuren und Stylings. Haare welche zuvor mit Silikonhaltigen Spülungen etc. behandelt wurden, lassen sich nur schwer stylen und erschweren den Stylisten die Arbeit.

Sind deine Haare gefärbt oder getönt, solltest du die Farbe vor deinem Termin auffrischen, damit du auf deinen ersten Bildern strahlst. Auch für künftige Fotoshootings und Jobs gilt, dass deine Haarfarbe niemals ausgewaschen oder herausgewachsen aussehen sollte. Von einem plötzlichen Haarfarbenwechsel rate ich dir auch ab. Eine so extreme Veränderung solltest du vorher mit deiner Agentur gründlich absprechen. Deine Nägel sollten in keinem knalligen Ton lackiert sein, am besten verwendest du gar keinen Nagellack und feilst deine Nägel einfach gleichmäßig.

Außerdem darfst du nicht vergessen, dich für die Aufnahmen zu rasieren (Achseln, Beine und Intimbereich) und anschließend eine pflegende Bodylotion zu benutzen, damit deine Haut frisch aussieht. Auch die Verwendung von Deo ist sehr wichtig, vor allem wenn du beim Shooting Designerkleidung gestellt bekommst.

Zum Shooting mitbringen solltest du:
- Ein paar hohe schwarze Schuhe, falls dir die zur Verfügung gestellten Highheels nicht passen sollten.
- Andere Schuhe und Outfits, die dich deine Agentur / der Fotograf / die Stylistin gebeten hat, mitzubringen.
- Hautfarbene Unterwäsche falls du diese nicht direkt morgens anziehst.
- Abschminktücher und Makeup-Entferner
(In der Regel möchtest du dich nach dem Shooting noch vor Ort abschminken).
- Desinfektionsmittel, falls du Piercings trägst welche du entfernen musst, oder für Ohrringe welche du für die Aufnahmen tragen sollst. (Da du nie weißt, welches Model vor dir den entsprechenden Schmuck getragen hat, solltest du Ohrringe vor dem Tragen immer desinfizieren um dich vor übertragbaren Krankheiten zu schützen).
- Eine Haarbürste.
- Bodylotion und Hautöl.
- Ein Haargummi und Haarklammern.
- Ein Buch oder Modemagazin, welches du lesen kannst, während du gestylt wirst
(dies kann bis zu 3 Stunden dauern!).

Dass du vor deinem ersten Fotoshooting sehr nervös bist, ist völlig normal und ich kann dir garantieren, dass es keinem Model auf dieser Welt vor dem ersten Termin anders ging. Halt dir dies immer vor Augen und denke daran, dass das Team bescheid weiß und beim ersten Mal kein Hexenwerk von dir verlangt. Im Leben gibt es für alles ein erstes Mal und aus jeder Situation kannst du nur lernen. So etwas wie Fehler gibt es nicht. Versuche dir selbst zu sagen, dass du das schaffst und heute schöne Fotos machen wirst. Wichtig ist, dass du dich solchen Herausforderungen stellst, statt sie zu umgehen. Nur so kannst du aus dir herauswachsen. Ich verspreche dir, dass du nach einer gewissen Zeit mit einem

Lächeln auf dein erstes Fotoshooting zurückblicken wirst, auch wenn du nicht alles perfekt gemacht hast.

6.2 Ein aufregender Tag

Bevor du zu deinem Termin startest, solltest du folgende Informationen gesammelt haben:
1) Wann das Shooting beginnt
(Sei immer 10-15 Minuten früher am Set!)
2) Wie lang das Shooting ungefähr dauert, damit du dich darauf einstellen kannst
3) Wo das ganze stattfindet (Studioname oder Adresse)
4) Unter welcher Nummer du jemanden erreichen kannst, falls du den Weg nicht findest oder dich verspätest
(Ideal ist die Handynummer des Fotografen)
5) Was du mitbringen sollst
(Schuhe, Kleidung, Schmuck, oder sonstiges)

Diese Dinge kannst du vorab mit deiner Agentur klären. Solltest du keine Agentur haben, so liegt es in deiner Hand, diese Informationen vorab zu sammeln. Wie bereits erwähnt, solltest du dir genügend Zeit einplanen um zum Zielort zu gelangen. Es ist immer besser früher am Set zu sein, als zu spät zu kommen. Am besten nimmst du 1 bis 2 S-Bahnen bzw. Busse früher als du es eigentlich getan hättest oder buchst dir ein Taxi, welches dich direkt bei der Zieladresse absetzt. Oft kooperieren Modelagenturen mit Taxiunternehmen und handeln für ihre Models feste Preise für die Fahrten aus – Aus diesem Grund solltest du unbedingt deinen Booker fragen, ob dies in deiner Agentur möglich ist. Wenn du im Fotostudio eingetroffen bist, solltest du zunächst alle Teammitglieder persönlich begrüßen und dich kurz vorstellen. Präge dir die Namen aller Kollegen gut ein, dies hinterlässt nicht nur einen guten Eindruck, sondern hilft dir später auch, wenn du Fragen stellen möchtest.

Solltest du gleich von Beginn an Fragen haben, dann scheue dich nicht diese zu stellen. Da du noch eine Anfängerin bist, wird man sich viel Zeit für ausführliche Antworten nehmen. Nachdem du von einer Makeup-Artistin fertig gestylt wurdest, geht es für dich ab vor die Kamera. Es ist völlig normal wenn du sehr nervös bist und zunächst garnicht weißt, welche Pose du einnehmen sollst. Versuche auf keinen Fall besonders sexy zu wirken oder irgendeine Rolle zu übernehmen. Sei einfach du selbst, höre auf die Anweisungen des Fotografen und probiere verschiedene Posen aus.

Posingideen, Tipps und Vorschläge für unterschiedliche Gesichtsausdrücke findest du in der Modelversity. (www.modelversity.de)

Wenn du dich in einer Pose unwohl fühlst, solltest du das auf jeden Fall sagen, schließlich ist dein erstes Fotoshooting nur ein „Test" um die ersten Fotos für dein Book zu knipsen und kein bezahlter Job bei welchem du den Anforderungen eines Kunden gerecht werden musst. Du wirst aber schnell merken, dass oftmals die ungewöhnlichsten Posen auf den Bildern am besten aussehen, auch wenn du dir während des Shootings ein wenig komisch vorkamst. Du wirst nach deinem ersten Tag als Model wissen, ob deine Erwartungen erfüllt oder übertroffen wurden, ob dir das Ganze Spaß bereitet hat oder du nun daran zweifelst, ob das Modeln überhaupt zu dir passt. Probieren geht bekanntlich über studieren und auch wenn du am Ende feststellst, dass du dich mit dieser Arbeit in keinster Weise identifizieren kannst, so bist du trotzdem eine große Erfahrung reicher. Wenn du durch eine Modelagentur vermittelt wurdest, solltest du auf jeden Fall mit deinem Booker über den Fototermin reden, damit er dich als angehendes Model richtig einschätzen und mit dir an deinen Stärken und Schwächen arbeiten kann.

Nach dem Shooting schickt der Fotograf die Bilder an deine Agentur. Deine Agentur wird alle erhaltenen Fotos am PC miteinander vergleichen und für dich die besten Bilder auswählen. Meistens wird dabei darauf geachtet, möglichst unterschiedliche Fotos auszuwählen, welche deine Wandelbarkeit zur Geltung bringen. Diese werden anschließend auf Fotopapier gedruckt und sind der Beginn deines physischen und digitalen Modelbooks, welches du für Castings und für deine Onlinepräsentation auf der Agenturwebseite brauchst. Wenn du nicht von einer Agentur vertreten wirst, da du dich als Freelance Model versuchst, schickt der Fotograf die Bilder an deine private E-Mail-Adresse. Bei der Selektion solltest du darauf achten, deine Wandelbarkeit sichtbar zu machen, indem du auf jedem der ausgewählten Bildern unterschiedlich schaust und post. Anschließend solltest du die Bilder online auf deinen sozialen Netzwerken, sowie auf deiner Webseite hochladen und sie bei einem Copyshop in deiner Nähe ausdrucken lassen, sodass du die ersten Seiten deines Modelbooks füllen kannst.

♥ *Tipp: Ideal eignen sich schwarze oder weiße DinA4 Mappen, welche durchsichtige Folien enthalten und dessen Cover du selbstständig auswechseln kannst. Diese gibt es in handelsüblichen Schreibwarengeschäften.*

Mit etwas Glück, erhälst du nach deinem ersten Testshooting bereits einen bezahlten Auftrag. Die meisten Models brauchen jedoch drei bis vier Testshootings, bevor sie auf Castings eingeladen werden oder gar einen Job erhalten. Also bleibe geduldig, motiviert und zeige immer hundertprozentigen Einsatz.

6.3 Wer kommt für die Kosten auf?

Wenn du in einer Modelagentur aufgenommen wurdest, übernimmt diese am Anfang alle anfallenden Kosten für deine ersten Fotoshootings, Bilder, Sedcards und Kopien. Immerhin wurdest du in die Kartei der Agentur aufgenommen, weil man von deinem Talent und Erfolg überzeugt ist und dieses weiterhin bestmöglichst fördern möchte.Sobald du deine ersten bezahlten Jobs ergattert hast, werden die angefallenen Kosten mit deinem Honorar verrechnet.

Wenn du von keiner Agentur vertreten wirst, liegt die Organisation und Zahlung deiner ersten Testshootings in deiner Hand. Sei vorsichtig, wenn du Hobbyfotografen in Internetforen für kostenlose Fotoshootings kontaktierst, da es in der Branche viele schwarze Schafe gibt, die dir große Erfolge versprechen, damit du dich vor deren Kamera ausziehst. Sie profitieren von den Träumen junger Mädchen, die keinerlei Erfahrungen im Modelbusiness haben und nun auf die große Karriere hoffen. Sicherer ist es, für dein erstes Shooting bei einem Berufsfotografen zu bezahlen und dich anschließend mit den Ergebnissen bei einer Reihe von weiteren Fotografen für kostenlose, sogenannte TFP-Shootings bewerben um dein Book mit weiteren, abwechslungsreichen Fotos zu füllen. Schaue gerne einmal auf der Webseite www.berufsfotografen.com vorbei, um seriöse Berufsfotografen zu finden.

Fotos: Martin Höhne
www.martinhoehne.com

7. Teamwork – Keine Produktion ohne Kollegen

Beim Stöbern in einem Modemagazin würden die wenigsten Menschen denken, dass an einem einzigen Foto rund 20 Leute gearbeitet haben. Den meisten Kunden sticht das Model und die Fotobearbeitung ins Auge. Wie viel Arbeit jedoch tatsächlich hinter einem Bild steckt, dass wissen nur die Wenigsten. Dasselbe gilt übrigens auch für Fashionshows.
Damit du weißt, was und wer dich im Laufe deiner Modelkarriere erwartet, habe ich dir im folgenden eine Liste mit den wichtigsten Personen des Business zusammengestellt. Das Geschlecht der vorgestellten Personen habe ich jeweils nach Häufigkeit in diesem Beruf gewählt.

Die Makeup-Artistin
Sie wird auch häufig Visagistin genannt und ist für das Makeup der Models zuständig. Bei größeren Fotoproduktionen, insbesondere bei Fotoshootings für Friseur-Kataloge gibt es extra eine Hairstylistin, welche sich darum kümmert, dass die Haare der Models perfekt sitzen oder zu einer außergewöhnlichen Frisur gestylt werden. In der Regel ist dies aber ebenfalls die Aufgabe der Makeup-Artistin. Bevor sie beginnt dich zu schminken, wird sie vor dir auf einem großen Tisch ihre gesamte Kosmetik ausbreiten, um sich einen Überblick der Produkte zu verschaffen und um besser entscheiden zu können, welches Makeup für dich das Ideale ist. Jedes Model begegnet diesem Prozess mit großer Neugier und auch dir, wird es dabei nicht anders gehen. Aus diesem Grund solltest du erst fragen, ob es in Ordnung ist, wenn du dir ein paar der Produkte näher ansiehst oder sie auf deinem Handrücken testest.

In der Regel dauert es 60-90 Minuten, bis dein Look komplett ist. Dies bedeutet nicht, dass du nicht hübsch genug bist, um auch mit weniger Arbeitsaufwand gut auszusehen, sondern ledeglich dass deine Makeup-Artistin mit viel Sorgfalt und einem Auge für Details arbeitet. Wenn du neu in der Branche bist, wirst du zu Beginn oft überrascht sein, wie extrem du geschminkt wurdest und dich dabei eventuell auch unwohl fühlen. Doch ich kann dich beruhigen: Dass bei einer Foto – und Filmproduktion extrem viel Makeup verwendet wird, ist völlig normal, da die extreme Belichtung und der Blitz der Kamera deinem Gesicht später die Farbe und die Kontraste „entzieht" und du dadurch auf den Bildern deutlich natürlicher aussiehst als in Wirklichkeit.

Falls du allergisch gegen bestimmte Produkte oder Inhaltsstoffe bist, solltest du dies auf jeden Fall vor Beginn des Stylings erwähnen, damit du später keine Ausschläge im Gesicht oder schlimmstenfalls gesundheitliche Probleme bekommst (Beachte dabei, dass auch die verwendeten Pinsel oft aus tierischem Echthaar bestehen!).

Wenn es etwas gibt, dass dir deiner Meinung nach überhaupt nicht steht (In meinem Fall ist das hellrosa Lippenstift), mit dem du dich unwohl fühlst, oder es eine Technik gibt, welche bei dir nicht funktioniert, weil beispielsweise deine Haarstruktur hierfür nicht geeignet ist, dann solltest du dies deiner Makeup-Artistin ebenfalls mitteilen, damit diese sich auf deinen individuellen Typ einstellen kann. Denn wenn du am Ende mit deinem Look zufrieden bist, wirst du dies auch auf deinen Fotos ausstrahlen und somit letzten Endes auch deinen Auftraggeber glücklich machen.

Wenn du fertig geschminkt und frisiert bist, solltest du es vermeiden, deine Augen zu reiben, an deinen Haaren zu fummeln oder etwas zu essen, damit du das Makeup sowie deine Frisur nicht ruinierst.

In der Modelversity habe ich die Makeup-Artistin Jaqueline Guldi für dich interviewt und sie einen Tag lang bei ihrer Arbeit begleitet. In unserem Video verrät sie dir unter anderem, wie sie diesen Berufsweg eingeschlagen hat, welche Charaktereigenschaften Models bei Makeup-Artisten beliebt machen und was du bei der Zusammenarbeit mit einer Visagistin beachten solltest. (www.modelversity.de)

Die Stylistin
Die Stylistin stellt für alle Models passende Outfits inklusive Schuhe und Accessoires zusammen, sorgt dafür, dass die Kleidung die fotografiert werden soll gebügelt, faltenfrei und sauber ist und kann auch für die Gestaltung des Foto-Sets zuständig sein, indem sie beispielsweise den Hintergrund mit einem bestimmten Stuhl, mit Pflanzen oder gar einem Tier aufpeppt.
Als professionelles Model ist es wichtig, dass du sorgsam mit der geliehenen Kleidung und den restlichen Requisiten umgehst, da die Stylistin die Verantwortung dafür trägt, dass sämtliche Ware wieder unbeschädigt zurückgebracht wird. Werfe dein Outfit also nach dem Shooting nicht einfach in eine Ecke, es könnte dadurch kaputt gehen oder beschmutzt werden. Am besten hängst du die Stücke wieder an die Kleiderstange, stellst deine Schuhe darunter und legst den Schmuck an einen gut sichtbaren Platz.
Ich habe leider schon oft erlebt, dass manche Models sich gern hin und wieder ein Designerstück „gönnen" und dieses unauffällig in ihrer Tasche verschwinden lassen. Und dies so geschickt, dass sie selbst als Täter niemals in Frage kommen würden. Aus diesem Grund ist es am besten, wenn du die Stylistin darüber informierst, dass du deine Kleidung bereits zurück an ihren Platz gehängt hast und ihr zeigst wo sich diese befindet. Sonst könnte man am Ende auch dich

für einen Diebstahl verantwortlich machen, obwohl du nichts damit zu tun hast.

Bei Beginn eines Shootings kommt es oft vor, dass man die Designerstücke an deinen Körper anpasst. Das bedeutet nicht, dass du keinen schönen Körper hast, sondern ist eine Routinemaßnahme um sicher zu gehen, dass anschließend auf den Fotos alles perfekt sitzt, damit sich die Stücke gut verkaufen lassen. Die Stylistin oder der Stylist muss dir dafür näher treten als es den meisten Recht ist: Mit Stecknadeln, Clips, Klebeband, Schulterpolstern und BH-Einlagen wird an allen Ecken und Kanten getrickst und geschummelt. Manchmal kommt es sogar vor, dass deine Brüste mit einem Tape optisch gestrafft werden. Doch keine Sorge! Stylisten sehen dich aus ihrer Perspektive, meist als lebendige Schaufensterpuppe und ihr Ziel besteht ledeglich darin, die Outfits perfekt aussehen zu lassen. Niemand wird daran interessiert sein deinen Körper währenddessen zu bewerten oder auf Fehler hin zu untersuchen. Die meisten Stylisten und Stylistinnen fragen oder warnen dich, bevor sie dich an bestimmten Körperstellen berühren, da Ihnen bewusst ist, dass die ein oder andere Bewegung für dich unangenehm sein könnte.

Der Fotograf

Der Fotograf ist das kreative Köpfchen einer Produktion und entscheidet meist gemeinsam mit dem Kunden über das Motiv der Fotos. Im Laufe meiner Karriere habe ich zahlreiche Fotografen und Fotografinnen kennengelernt und konnte bereits nach kurzer Zeit feststellen: Die meisten von Ihnen sind total durchgeknallt! Und das meine ich verdammt positiv. Jemand der eine Leidenschaft für die Fotografie entwickelt hat, würde für ein gutes Bild über Leichen gehen.

Da ist es nicht selten, dass den ganzen Tag für ein einziges Bild geklettert wird, Gelände betreten werden die ausdrücklich mit einem Verbotsschild gekennzeichnet sind und Drohnen fliegen gelassen werden, wo man, wenn man erwischt wird, bis zu 20.000 Euro Strafe zahlen muss. Auch du wirst die ein oder andere verrückte Erfahrung machen. Wenn du schon öfter mit ein und dem selben Team zusammengearbeitet hast und ihr euch prima versteht, kann es zum Beispiel auch gut vorkommen, dass an einem Samstag Vormittag plötzlich der Fotograf mit allen anderen im Gepäck vor deiner Haustüre steht und dich auf einen spontanen Wochenend-Trip einlädt. Ganz egal ob beim ersten Shooting, einer lustigen Spontanaktion oder einem sehr wichtigen Auftrag für einen namenhaften Kunden – Der Fotograf greift dir unter die Arme.

Er gibt dir als Model Anweisungen zum gewünschten Posing und zu den Emotionen, welche du vermitteln sollst. Dies ist weder ein Angriff noch eine Kritik – ganz im Gegenteil! Seine Tipps dienen dazu, dass du besser aussiehst und die Aufnahme schöner wird, denn er sieht durch die Linse ganz genau wie du wirkst und wie man Details verbessern könnte. Jeder arbeitet unterschiedlich, entweder du wirst kontinuierlich verbessert und erhälst ständig neue Posingvorschläge und Tipps oder du bekommst keinerlei Vorgaben und darfst selbst darüber entscheiden, wie du dich in Szene setzt. Dasselbe gilt übrigens auch für sein Arbeitstempo. Manche Fotografen kontrollieren erst jedes Detail durch die Linse, bevor sie den Auslöser drücken und knipsen die Fotos sehr bedacht und langsam, während andere 6 bis 10 Bilder hintereinander schießen und den Finger scheinbar nicht mehr vom Auslöser nehmen können.

Für dich gilt, dass du dich dem jeweiligen Arbeitstempo anpassen solltest, damit die Fotos weder verschwommen sind (weil du dich zu schnell bewegst), noch alle gleich aussehen (weil du das Posing zu selten wechselst).

Fast alle Fotografen, denen ich begegnet bin sehen sich selbst als Künstler und wollen auch dementsprechend be-

handelt werden. Wenn dir ein Motiv also nicht gefällt oder du die entstandenen Bilder nicht gut findest, solltest du es nicht unbedingt sagen. Bedenke stets, dass jeder Mensch einen unterschiedlichen Geschmack hat und sie ihren ganzen Ehrgeiz und volle Kreativität in die Fotos gesteckt haben. Du wärst sicherlich auch nicht davon beeindruckt, wenn dir jemand sagen würde, dass dein Modelbook völliger Mist ist. Also begegne der Arbeit deiner Kollegen und Kolleginnen stets mit Respekt und behandle sie immer so, wie du selbst gern behandelt werden möchtest.
Viele junge Mädchen denken und hoffen, dass sich ihre Chancen auf einen Job verbessern, wenn sie mit Fotografen schlafen. Und im gesamten Modelbusiness gibt es keine größere Lüge als diese.
Kein Mensch würde dich noch respektieren, wenn du mit ihm Sex hattest um einen Auftrag zu erhalten. Außerdem sorgen solche Geschichten in Windeseile für einen schlechten Ruf, den man so schnell nicht wieder los bekommt. Denn wenn sich erst einmal herum gesprochen hat, dass du mit Fotografen schläfst um deine Chancen zu verbessern, wird man von dir nur noch das Eine wollen – Und damit meine ich keine Fotos. Viel wichtiger ist die Einsicht, dass ein gutes Model so etwas nicht braucht, um anständige Jobs zu ergattern und gutes Geld zu verdienen. Zwar verkaufst du als Model in gewisser Hinsicht deine Schönheit, aber im sexuellen Sinn solltest du dies auf keinen Fall tun.

Der Assistent des Fotografen
Er erledigt die Aufgaben, welche der Rest des Teams nicht übernehmen kann oder will, ist fast 24 Stunden im Einsatz und wird sehr häufig unterschätzt. Aus diesem Grund bekommt er auch immer als Erster den Ärger ab, wenn mal etwas nicht klappt. Es ist aber der beste Weg an traumhaften Orten zu arbeiten und den Beruf des Fotografen zu erlernen.

Assistenten sind für den Fotografen unverzichtbar. Sie kontrollieren das Licht und passen dieses gegebenenfalls an, sorgen dafür, dass die Kameras genügend Speicherkapazität haben, dass das Equipment beim Shooting nicht beschädigt oder beschmutzt wird, kümmern sich um das Model und begleiten dieses vor die Kamera, sodass der ideale Bildausschnitt gewährleistet ist.

Außerdem organisieren die, auch so genannten, „Assis" das Mittagessen und sind verantwortlich dafür, dass geliehene Requisiten, wie beispielsweise Tiere oder Autos etc. wieder zu ihrem Besitzer zurück kommen. Häufig treffen sie nach einem Fotoshooting, bis spät in die Nacht, eine Vorauswahl der besten Bilder und sortieren unbrauchbare Fotos am Computer aus.

Den Assistenten kannst du durch deine Mitarbeit unheimlich entlasten. Dies bedeutet nicht, dass du seine Aufgaben übernehmen musst oder sollst, aber jeder Mensch freut sich bekanntlich über eine helfende Hand. So kannst du ihm beispielsweise beim Tragen von Requisiten oder dem Beladen eines Autos helfen. Dabei solltest du allerdings darauf achten, dass du weder die geliehene Kleidung, noch das Makeup ruinierst und das Shooting zeitlich nicht unnötig verzögerst.

Die anderen Models

Wie in jedem anderen Job, trifft man im Berufsalltag auf Kollegen und Kolleginnen, in diesem Fall andere Models von unterschiedlichen Agenturen. Es ist völlig normal, dass einem nicht jeder Mensch sympathisch ist und man anders herum nicht von jeder Person gemocht wird und das ist auch in Ordnung. Wichtig ist dabei nur die richtige Umgangsweise!

Es gab Mädchen die ich vorher schon von Fotos kannte und von dessen Sympathie ich überzeugt war, bis ich ihnen persönlich gegenüber stand und feststellen musste, dass sie längst nicht so nett waren wie sie wirkten. Oder ich habe andere Models aufgrund ihrer Bilder als Zicken eingeschätzt und verstand mich anschließend ganz toll mit ihnen. Sei also nie von Vorurteilen geprägt, sondern lasse immer alles auf dich zukommen. Du hast letztendlich sowieso keinen Einfluss darauf, wem du begegnest.

Weibliche Models
Vorallem bei Mädchen und Frauen spielt der Neid oft eine große Rolle. Sie wollen stets die Schönsten, Dünnsten und Vermögensten sein und können beim Kampf um diese Platzierungen ziemlich bösartig werden. Lass dich von anderen Kolleginnen nicht wahnsinnig machen. Es ist die Mühe und Aufregung nicht Wert, vorallem weil zum Schluss meist die Unschuldige als Idiot vor dem Kunden dasteht, während dein Gegenüber Spaß an der ganzen Sache findet.
Der Versuch dich in's „Aus" zu schießen, wird anderen nicht viel Glück bringen. Ich glaube sehr stark an Karma und bin der Überzeugung, dass jede unserer Taten früher oder später wie ein Boomerang zu uns zurück kehrt. Vertraue auf diesen Gedanken und lächle, wenn jemand versucht, dich absichtlich zu provozieren. Einige Mädchen erzählen gern, wieviel sie verdienen. Entweder dem Versuch wegen, dich eifersüchtig machen zu wollen oder um herauszufinden, ob du erfolgreicher oder weniger erfolgreich bist als sie. Wenn du mehr verdienst, dann zucke mit den Schultern und spreche ihnen deinen Glückwunsch aus. Das Bedürfnis, darüber zu sprechen entsteht meist aus eigener Unsicherheit, dasselbe gilt übrigens für das oberflächliche Aufzählen der Länder und Kontinente die man bereits besucht hat, sowie Designer und Marken für welche man schon vor der Kamera stand. Konzentriere dich stets auf deine Arbeit und lasse nicht jede Kleinigkeit an dich heran, sonst kann dieses Business dich sehr schnell innerlich kaputt machen.

Du wirst (vorallem bei Castings) auf viele unterschiedliche Frauen und Mädchen treffen und einige von ihnen hübscher finden als dich selbst oder davon überzeugt sein, sie hätten eine bessere Figur als du. Halte dir dabei vor Augen, dass diese Models nicht über dir stehen und lasse niemals deine Eifersucht zu Hass werden, denn der Versuch einem anderen Mädchen das Leben schwer zu machen wird sprichwörtlich nur ein „Schuss in's eigene Bein" sein. Vergiss nicht, dass du nicht beim selben Casting oder beim selben Job wärst, wenn du nicht mindestens genau so toll wärst wie sie.

Da es im Leben aber immer zwei Seiten gibt, komme ich jetzt zum positiven Teil dieses Abschnitts:

Es gibt mindestens genauso viele süße, witzige, freundliche, warmherzige und tolle Model-Kolleginnen! Ich habe auf vielen meiner Jobs andere Mädchen kennengelernt, mit denen ich mich direkt auf Anhieb sehr gut verstanden habe, welche mir tolle neue Dinge beibringen konnten und auch nach den Aufträgen noch Kontakt zu mir pflegten. Mit einigen bin ich noch heute sehr gut befreundet und es freut mich jedes mal, wenn ich Anrufe, E-Mails oder gar Besuche von ihnen bekomme.

Männliche Models

Auch wenn es um deine Kollegen geht, möchte ich mir die positiven Erfahrungen für den Schluss aufheben und damit beginnen, dir Ratschläge für den richtigen Umgang mit ihnen zu geben. Leider bestätigen sich ein Großteil aller Klischees über unsere Männermodels und so wirst du im Laufe deiner Karriere auf mehr Männer stoßen, die denken sie seien Gottes Geschenk an die Frauenwelt, als dir Recht ist. Es kommt nicht selten vor, dass sie dich nach kurzem Kennenlernen fragen, ob du nicht Lust hast sie heute Abend auf ihr Hotelzimmer zu begleiten. Von einer bejahenden Antwort sind sie dabei hundertprozentig überzeugt. So kam es ein-

mal vor, dass ein Kerl versuchte mir weiß zu machen, es sei ein Privileg das Bett heute Nacht mit ihm teilen zu dürfen. Ich fand das Ganze sehr lustig und auch irgendwie süß, weil er die Hoffnung nicht aufgab. Auf jeden Fall hatte ich viel zu lachen. Ich kann mir aber auch vorstellen, dass es viele Mädchen gibt, denen solche Situationen extrem unangenehm sind oder ihnen sogar Angst bereiten. Fürchten solltest du dich vor einem Macho nicht, immerhin arbeitest du im Team mit anderen Leuten und kannst jederzeit jemanden verständigen, falls man dir am Set zu Nahe kommt. Dass dir ein solches Angebot aber unangenehm ist, kann ich gut nachvollziehen. Es gibt zwei Möglichkeiten wie du das ganze handhaben kannst: Entweder du schickst ihn mit einer noch provokanteren Antwort auf seine freche Frage in den Wind: „Perfekt, ich habe da noch ein paar Blusen, die dringend gebügelt werden müssen"
oder du lehnst dankend ab und ignorierst ab diesem Zeitpunkt jegliche Anspielungen. (Diese Variante erfodert weniger Mut). Natürlich kann es auch vorkommen, dass du einem Kollegen begegnest, der dir sehr sympathisch ist und gegen dessen sexuellen Kontakt du nichts einzuwenden hättest. In diesem Fall kannst du dich gern auf das kleine Abenteuer einlassen, solltest aber stets im Hinterkopf bewahren, dass aus einem One-Night-Stand nicht die große Liebe entsteht, erst recht nicht unter Models, die oft monatelang keinen festen Wohnsitz haben und um die Welt jetten.
Selbstverständlich sind nicht alle männlichen Models darauf aus, dich zu verführen und so kann ich dir an dieser Stelle die glückliche Nachricht übermitteln, dass du im Laufe deiner Karriere auch auf viele großartige Jungs und Männer triffst, die du als gute Freunde gewinnen kannst und mit denen du viel zu lachen hast. Es ist auch für mich immer wieder toll, das ein- oder andere Gesicht von früher wieder zu treffen, ganz gleich ob männlich oder weiblich.

Oft entstehen während deiner Laufbahn sogar Cliquen mit denen du Privat viel unternimmst und Nachts um die Häuser ziehst.

Der Art-Director
Der „künstlerischer Leiter" plant gemeinsam mit dem jeweiligen Kunden die visuelle Umsetzung einer Kampagne und arbeitet vorab das Konzept einer Fotostrecke aus. Models, Fotograf, Hintergrund, Stimmung, Posen, Mimiken und das „Layout" – All' das wurde von ihm konzipiert.
Da er letzten Endes für das Gesamtbild zuständig ist, lastet auf ihm die künstlerische Verantwortung für einen Kunden oder eine Produktion. Wenn etwas also nicht funktioniert wie es soll, ist es der Art-Director, der dafür gerade stehen muss. Ein guter Art-Director zeichnet sich durch ein hohes Maß an Kreativität, Team- und Führungsqualität, sowie Produktionserfahrung aus. Somit ist seine Hauptaufgabe, die kreativen Potenziale mehrerer Mitarbeiter zu einer Einheit zu verschmelzen, sodass eine erfolgreiche Teamarbeit entsteht. Leider kommt nicht jeder mit diesen hohen Anforderungen zurecht und so kommt es vor, dass der ein oder andere Produktionsleiter die Krise bekommt, sobald etwas nicht so läuft wie er es sich vorgestellt hat und gerät schnell unter Stress. Lass dich davon nicht mitziehen: Mache deinen Job so gut du kannst, gebe dein Bestes den Anforderungen gerecht zu werden und mische dich nicht in Diskussionen ein. Wenn es Unstimmigkeiten gibt, ist das nicht dein Problem. Wenn du Glück hast, entsprichst du ganz genau der Vorstellung des Models, welches sich der Art-Director zuvor in den Kopf gesetzt hatte. Und die Zusammenarbeit ist perfekt.

Der Kunde
Dein Kunde kann ein Modemagazin, ein Designer oder eine Modefirma sein und ist letztendlich die Person bzw. das

Unternehmen, dass allen Team-Mitgliedern ihr Honorar bezahlt. Oft ist der Kunde beim Shooting anwesend, so kann es zum Beispiel sein, dass ein Redakteur des Magazins dabei ist oder die Mitarbeiter einiger Marken vor Ort sind, damit diese sich vergewissern, ob alles nach Plan läuft. Erscheint der Kunde oder dessen Vertreter im Studio, verhalten sich in der Regel alle plötzlich etwas ruhiger und seriöser, da niemand dem Auftraggeber das Gefühl vermitteln möchte, dass man seinen Job nicht ernst nimmt.
Wenn der Kunde mit deiner Arbeit sehr zufrieden ist, entsteht meist eine gegenseitige Sympathie, die dir in Zukunft weiter helfen kann. Denn wenn ein Kunde dich mag, wird er dich auch künftig immer wieder gern buchen oder dich an Partnerfirmen weiterempfehlen. Somit sicherst du dir ein regelmäßiges Einkommen und arbeitest öfter mit Menschen zusammen, die du bereits kennst. Vor allem in diesem Business, wo man täglich mit neuen Leuten zusammenarbeitet, empfinde ich es als sehr angenehm, alte Bekanntschaften wieder zu treffen und zu wissen, was von einem erwartet wird.

Weitere Leute im Team
Vorallem bei größeren Produktionen kommen bis zu 20 weitere Arbeiter ins Spiel. So gibt es beispielsweise Leute, die für das Zubereiten des Caterings zuständig sind, das Licht einstellen, die Shooting-Kulisse aufbauen oder sich um die gesamte Technik kümmern. Das ist insbesondere beim Dreh von Werbespots der Fall, da diese sehr aufwändig sind.
Im Idealfall kennst du alle Namen der Anwesenden, aber bei einer eintägigen Produktion ist es mehr als unwahrscheinlich, dir so viele Namen einprägen zu können. Deshalb ist es am besten, wenn du dir merkst, wie die Leute heißen mit denen du am meisten Zeit am Set verbringst.

Deine Notizen:

Fotos: Michelle Mattern Photography
www.michellemattern-photography.de

8. Ein sehr abwechslungsreicher Job – Die verschiedenen Auftragsarten

Für Prada und Chanel vor der Kamera stehen und auf den weltbekannten Laufstegen der Fashionweeks in New York und Paris laufen, das ist das häufigste Bild welches jungen Mädchen erscheint, sobald sie an das Modeln denken und daran wie es wäre, ein Model zu sein.

Das ist ein großer Irrtum und diesen will ich für dich schnellstmöglich aufklären. Um dir ein realistisches Bild der Branche zu bieten, habe ich im folgenden alle Auftragsarten für dich zusammengefasst und möchte dir zeigen, was du unter den speziellen Ausdrücken, die dort Alltag sind, zu verstehen hast.

Werbung, Prospekt und Katalog
Kataloge und Prospekte werden meist von großen Versandhäusern veröffentlicht um die neuesten Trends und Angebote zu präsentieren und um den Kunden die Möglichkeit zu bieten die Ware mit einem kurzen Anruf oder einem Briefbogen zu bestellen. Ein Beispiel hierfür ist „Otto" oder „Quelle", sowie Prospekte von Parfümerien oder größeren Kaufhäusern. Da eine Gruppe von Grafikern und Retuscheuren (auch Bildbearbeiter genannt) oft Wochen bis Monate an einer neuen Ausgabe arbeiten, werden die Waren meist ein halbes Jahr im Voraus fotografiert. Im Klartext heißt das, dass du im August bei 40 Grad, in Wintermänteln fotografiert wirst und im Januar bei -10 Grad in Bikinis und leichten Sommerkleidchen. Im Studio ist das prinzipiell nicht schlimm, die meisten Aufnahmen entstehen aber draußen bei Sonne, Wind und Wetter. Für Katalogbilder werden oft die traumhaftesten Locations, in den schönsten Winkeln der Welt ausgesucht, wie etwa Thailand, Südafrika oder die

Karibik. Und trotzdem gibt es viele Models, die diese Jobs eher langweilig und uninteressant finden, da sie weniger glamourös sind und hartes, sowie langes Abeiten bedeuten. Oft arbeitet man am Tag bis zu 15 Stunden und wird bereits zwischen 4 und 6 Uhr morgens geschminkt, damit der Fotograf das Model noch bei Sonnenaufgang ablichten kann.

Ich persönlich mag die Katalogarbeit sehr gern und sie bereitet mir viel Spaß, da es keine strengen Vorgaben zum Posing gibt und man als Model „man selbst" sein kann. Wenn du beim nächsten mal Werbung in deinem Briefkasten findest, dann wirf einen genauen Blick auf die Models im Katalog: Wirken sie nicht alle viel natürlicher und glücklicher als die strengen Marionetten, welche für namenhafte Designer posieren? Genau das meine ich!

Die Gagen für diesen Bereich sind sehr hoch. Als Anfängerin verdienst du bereits zwischen 600 und 1200 Euro pro Tag, ein gutes Model mit Erfahrung bekommt ca. 2000 Euro oder mehr und als Topmodel liegt das Honorar sogar bei 10.000 Euro aufwärts. So viel Geld für relativ wenig Anstrengung ist fast in keinem anderen Beruf möglich. Vergiss aber nicht, dass hiervon noch die Agenturprovision, sowie eventuell entstandene Kosten (beispielsweise den Druck deiner Sedcard) abgezogen werden.

Früher wärst du als Model eines Katalogkunden für eine oder über mehrere Wochen gebucht worden, heute sieht das leider anders aus. Die Globalisierung unserer Wirtschaft machte alle Arbeitsvorgänge schneller; auch die der Modewelt: Ständig gibt es neue Kollektionen (Heute bis zu 8 im Jahr, früher waren es nur 4, verteilt auf die Jahreszeiten), die Modehäuser wollen stets besser und schneller sein als die Konkurrenz: Ein und dasselbe Model im Katalog wird auf Dauer langweilig, die Verbraucher wollen stetig neue Gesichter sehen, auch im Hinblick auf unsere multikulturelle Gesellschaft.

Das ist aus finanzieller Sicht für ein Model natürlich sehr schade wenn man sich ausrechnet, was ein Model früher bei einem mehrwöchigen Katalogjob verdient hat.

Ein Traum begann für mich mit 17 Jahren, als man anfing mich für die Prospektwerbung einer kommerziell bekannten Modekette zu buchen. Als man mich das erste mal anrief, fragte man mich nach ein paar Fotos von mir. Diese sollten zum Konzept der Kette passen und an der Zielgruppe orientiert sein, damit man besser bewerten könne ob ich der Zielgruppe entspreche. Am Computer sortierte ich anschließend meine Fotos und verglich sie mit den Bildern der Models die bereits für den Prospekt gemodelt hatten. Per E-Mail versendet ich 5 Bilder und bekam anschließend eine Zusage für den Job. Für mich ein unglaublicher Erfolg, immerhin bekam ich pro angefangener Stunde 150 €. Davon konnten die meisten Mädchen in meinem Alter nur Träumen. Hinzu kam, dass ich mich ständig selbst auf den Prospekten und Plakaten entdeckte oder mich Freunde und Bekannte anriefen, um zu Fragen ob ich das Mädchen bin, das da im Kaufhaus strahlend an der Wand hängt. Doch meine Freude war leider nur von kurzer Dauer. Schnell musste ich erfahren, was es bedeutet in der Modewelt heute „IN" und morgen „OUT" zu sein. Nach ein paar Terminen klingelte mein Telefon nicht mehr regelmäßig, mein Terminkalender war plötzlich wie ausradiert und mein Konto zeigte kein regelmäßiges Einkommen mehr an. „Man bräuchte mal wieder neue Gesichter", hieß es. Komischerweise wurde meine Modelkollegin, mit welcher ich mich in diesem Zeitraum sehr gut angefreundet hatte, noch weitere 6 Monate für den selben Job gebucht.

Magazine
Anders als bei Katalog- und Prospektwerbung lässt sich deine Arbeit als Model bei Fotoshootings für Magazine

nicht klar definieren. Grund dafür ist zum einen, dass es sehr viele verschiedene Magazine aus unterschiedlichen Kategorien gibt (Mode, Lifestyle, Teenie, Fitness ‚Ernährung, Wirtschaft, Finanzen,...) und zum anderen, dass du je nach deinem Modeltyp für bestimmte Fotostrecken ausgewählt wirst, während du für andere gar nicht in Frage kommst.

Jedes Magazin hat aufgrund seines Inhalts und dem Einkommen, Alter und Interessen der Leser eine spezifische Zielgruppe mit der sich der Verbraucher identifizieren kann. Als Mädchen im zarten Alter von 16 Jahren, kommst du beispielsweise als Model für die „Bravo Girl" in Frage, kannst aber nicht für ein Format vor der Kamera stehen, welches Frauen ab 30 anspricht.

Nicht nur dein Kunde, sondern auch die Art und Dauer des Shootings ist meist sehr unterschiedlich, Mal wirst du für Makeup-Strecken gebucht, dann für Sportübungen, als Koch für gesunde Ernährung oder für Haar- und Modetrends der Saison. Je nach Aufwand und Länge der Fotostrecke kann das Shooting bereits nach 6 Stunden beendet sein oder du arbeitest 2 Tage für jeweils 16 Stunden, bis in die Nacht hinein. Das Ergebnis deiner Arbeit wird in der Regel 3 Monate danach veröffentlicht und du kannst dieses für dein Portfolio nutzen und dadurch deine Chancen auf weitere Jobs bei Castings extrem verbessern.

Magazinaufträge sind zwar nicht so gut bezahlt wie Katalogmodeling, sind allerdings eine sehr gute Referenz und können ein richtiges Karrieresprungbrett für dich sein. Das Ziel eines jeden Models ist es, das Titelblatt (Cover) eines Magazins zu zieren, denn das schafft nicht jeder und ist im Business sehr hoch angesehen. Wenn du es auf das Cover eines sehr bekannten Magazins schaffst oder auf mehreren Titelbildern zu sehen bist, hat dies auch positive Auswirkungen auf deine künftigen Tagesgagen. Bekannte und beliebte Zeitschriften sind zum Beispiel die VOGUE, ELLE,

L'OFFICIEL, COSMOPOLITAN oder die Sports Illustrated, durch welche Heidi Klum im Jahre 1998 ihren großen Durchbruch als Model schaffte.

Laufsteg und Fashionshows
Auf Modenschauen bzw. den Fashionweeks zu laufen macht sehr viel Spaß und bietet eine tolle Möglichkeit von anderen Designern oder Kunden entdeckt zu werden, auch wenn die Shows nicht sonderlich gut vergütet werden. Es ist eine tolle Chance sich zu „zeigen" und ist gleichzeitig sehr aufregend, da du als Model im Mittelpunkt stehst und hunderte Kameras ein Blitzlichtgewitter auslösen sobald du den Catwalk betrittst. Du präsentierst und repräsentierst die Mode des Designers für ein großes Publikum aus Fotografen, Einkäufern, Moderedakteuren und Bloggern und findest dich schon wenige Tage später in vielen Zeitschriften, Modemagazinen und online in Blogartikeln mit Fotos wieder. Die Fashionweeks sind vorallem in den internationalen Modemetropolen, wie Paris, New York, oder Mailand so einflussreich, dass es unmittelbar vor oder nach der Modewoche zu einem Stillstand des Business kommt und es für die Models vor Ort fast keine Jobs gibt, bis nicht die Castings für alle Shows beginnen.

Unterschieden wird zwischen...
„Prêt-à-porter" / „Ready-to-wear" – Shows,
Übersetzt: „Bereit zum anziehen" – Gemeint ist damit Mode die massentauglich in Standardkonfektionsgrößen produziert und anschließend im Einzelhandel verkauft wird. Einige Modehäuser und Designer stellen Produktlinien her, die industriell massengefertigt werden. Bei anderen sind diese Produkte immer noch sehr exklusiv und werden nur in limitierter Stückzahl und nur eine bestimmte Zeit lang produziert.

Und „Haute Couture" – Shows,
bei denen sehr exklusive Einzelstücke rennommierter Modehäuser (wie beispielsweise Chanel), aus luxuriösen Materialen präsentiert werden. Diese sind für den normalen Verbraucher nicht käuflich, sind dem obersten Preissegment zuzuordnen und dienen oft zur Erzeugung von Aufmerksamkeit für den jeweiligen Designer.

Für diese beiden Arten gibt es für dich als Model einiges zu beachten. Je nachdem ob du für eine *Prêt-à-porter* oder *Haute Couture* Show gebucht wirst, musst du auf dem Laufsteg unterschiedlich laufen, sowie deine Mimik und Ausstrahlung anpassen.

Was ich damit genau meine und wie dir das am Besten gelingt, das erfährst du beim Runway-Coaching in der Modelversity. Dort zeige ich dir außerdem, was einen guten Walk ausmacht und welche Fehler du beim Laufen unbedingt vermeiden solltest.
(www.modelversity.de)

Willst du als Laufstegmodel arbeiten, dann übe zu Hause regelmäßig, auf hohen und extrem hohen Schuhen mit dünnem Absatz zu laufen. Nicht jedes Mädchen ist ein Naturtalent in High Heels, aber vergiss nie: Übung macht den Meister! Ziel ist es, auch in sehr hochhackigen Schuhen noch graziös auszusehen und nicht zu fallen, auch wenn der Boden auf dem Catwalk oft rutschig ist. Denn nichts ist schlimmer und peinlicher, als auf einer Show in Schuhen laufen zu müssen, mit denen du aufgrund ihrer Beschaffenheit Probleme hast. Oft kommt nämlich noch hinzu, dass du viel zu kleine oder zu große Schuhe bekommst, in denen du laufen sollst.

Schritt-für-Schritt Tipps:
1. Ziehe deine Heels im Alltag an und laufe damit durch die Wohnung, dies sollte ausreichen um dich an das Gefühl der Absätze zu gewöhnen.
2. Übe das Gehen in deinem Zimmer und beobachte dich dabei im Spiegel. Du solltest auf einer geraden Linie laufen können und dabei nicht verkrampft wirken.
3. Schalte Musik ein und versuche auf den Takt / Rhythmus zu laufen.
4. Drehe dich in deinen Schuhen ein paar Mal und probiere verschiedene Posen aus, dadurch lernst du in Balance zu bleiben.
5. Spiele mit deinem Gesichtsausdruck. Wirkst du momentan noch gestresst und schüchtern? Versuche das abzulegen und schaue selbstbewusst nach vorn, so wie wenn dich nichts und niemand mehr von deinem Ziel abbringen kann.
6. Achte auf Details. Viele Mädchen haben beim Laufen bestimmte Angewohnheiten welche sie nur schwer ablegen können, wie beispielsweise mit dem Kopf wackeln oder auf den Boden schauen. Versuche von Anfang an diese Fehler zu vermeiden. Somit verbesserst du deine Chancen auf einen Job bei einem Casting extrem.

Ein Step-by-Step Videotutorial für den perfekten Walk findest du auch online in der Modelversity.
(www.modelversity.de)

TV und Werbespots
Die meisten Agenturen vermitteln dich als Model auch für Film- und TV- Produktionen. Schauspielunterricht ist dafür zwar nicht notwendig, kann dir aber bei einem Casting helfen, dich gegen die Konkurrenz durchzusetzen und den Job zu ergattern. Bei einem Werbespot-Dreh gibt es immer eine gezeichnete Vorgabe zu den einzelnen Szenen. Die Kameraeinstellungen, die Größen der Bildausschnitte und die Rei-

henfolge des Geschehens werden dabei genau festgelegt. Bis all das perfekt „im Kasten" ist, dauert es oft sehr lang. Ein 15 stündiger Arbeitstag ist dabei keine Ausnahme, denn für jede Einstellung werden bis zu 50 Aufnahmen gemacht, um hinterher eine größere Auswahl an Videomaterial zu haben und das Beste daraus zusammenschneiden zu können.

Das kann auf Dauer ziemlich anstrengend werden. Ich habe selbst einmal bei einem Werbespot mitgespielt und musste noch nach 36 Versuchen so wirken, als würde mich die neue Sommerkollektion, im entsprechenden Laden, brennend interessieren und begeistern.

Doch die Geduld lohnt sich. Die Gagen von Werbefilmaufträgen sind ähnlich dessen der Katalogarbeit und du erhälst zusätzlich einen Buy-Out (siehe Modellexikon am Ende des Buches). Wenn du Glück hast, wirst du von einem sehr bekannten Kunden gebucht und erhälst dafür ein extrem hohes Honorar oder du wirst sogar das neue Gesicht der jeweiligen Marke. Dies würde bedeuten, dass du einen Vertrag über mehrere Saisons oder Jahre erhälst und als einziges Model das Produkt repräsentierst.

Wenn du (später) einen Wechsel zum Film oder Fernsehen planst, können diese Erfahrungen für dich nur gut sein. Viele bekannte Hollywood-Schauspieler wie beispielsweise Cameron Diaz waren einst eher semibekannte Models, welche durch Werbespots oder Komparsenrollen ihren Einstieg in die Filmbranche fanden. Wer allerdings nur als Schauspieler arbeiten möchte, ist bei einer Modelagentur nicht richtig. Dafür gibt es spezialisierte Casting – und Actoragenturen.

Showroom und Fittings
Sogenannte Showrooms sind Verkaufsräume von Marken oder Designern, in welchen sie ihre Entwürfe den Einkäufern von Boutiquen oder Kaufhäusern vorstellen. Die neuen Kollektionen werden einem kleineren Kreis wichtiger Kun-

den gezeigt und diese können sich anschließend entscheiden, ob sie die Ware kaufen oder nicht. Es gibt also weder einen Laufsteg, noch öffentliches Publikum. Um einen Job als Fitting-Model in einem Showroom zu ergattern, musst du den Maßanforderungen des Designers/Kunden entsprechen, da die Kollektionen meist aus vorgefertigten Musterstücken besteht. Das Augenmerk liegt also nicht auf einem perfekten Gesicht sondern ausschließlich auf deinem Körper. Aus diesem Grund gibt es auch viele Models die hauptberuflich nur für Fittings und Showrooms arbeiten, weil sie zum Beispiel zu „alt" oder „nicht hübsch genug" für andere Modelaufträge sind. Oftmals wird in Showrooms mit Semiprofis gearbeitet, da für Modelneulinge die Arbeit in einem Showroom einen guten Einstieg bietet und ein Garant für regelmäßige Buchungen ist. Dieser Job lohnt sich, da du relativ gut bezahlt wirst und praktisch nichts machen musst, außer dich umzukleiden, wenn Kunden ein Kleidungsstück an einem Model sehen möchten. Ein solcher Auftrag kann bis zu 30 Tage dauern.

Kampagne
Eine Kampagne zu machen, ist das beste was dir als Model passieren kann. Man bucht dich für eine Saison oder du wirst sogar für einige Jahre das Gesicht einer Marke sein. Einige Models, wie beispielsweise Christy Turlington, welche seit den Neunzigern für Maybelline vor der Kamera steht, werden Jahrzehntelang vom selben Kunden gebucht und erhalten bis zu einer Millionen Euro im Jahr für circa 30 Tage Arbeitsaufwand, werden auf einen Schlag über Nacht berühmt und sind in aller Munde. Vorausgesetzt sie pflegen sich gut und setzen sich hundertprozentig für ihren Kunden ein. Das klingt zwar traumhaft, vergessen darfst du dabei allerdings nicht, dass du als Gesicht einer Marke immer perfekt aussehen und dich auch entsprechend verhalten musst. Es gibt zahlreiche Fälle in denen Firmen, Kampa-

gnen an andere Models abgegeben haben, da „ihr" Model durch Negativschlagzeilen in den Medien zu sehen war und dies eine negative Auswirkung auf die Verkaufszahlen hätte haben können.

Promotion / Messehostess
Messemodels werden meist über eine Hostessen- oder Promotionagentur, manchmal aber auch direkt von einer Modelagentur für Events und Messen gebucht. Sie sind dafür zuständig, am jeweiligen Stand die Aufmerksamkeit auf die Produkte des Kunden zu richten und für „Gesprächsstoff" zu sorgen. Gebraucht werden sie außerdem, um während oder nach der Veranstaltung den Abverkauf von Waren zu erhöhen. Hostessen haben keine perfekten Modelmaße, sind aber meist mit einer Größe von 1,70 durchschnittlich groß und tragen Konfektionsgröße 34-36. Wichtig ist außerdem eine hochwertige Erscheinung, der nötige Charm um neue Kunden zu gewinnen und eine große Portion Selbstbewusstsein, um spontan auf fremde Menschen zuzugehen und diese anzusprechen. Als Modelhostess musst du nach einem sogenannten „Briefing" (Einführung), aktive Beratungs- und Verkaufsgespräche mit (Messe-) Kunden führen und verdienst im Schnitt 10 – 20 Euro pro Stunde. Ich selbst habe während meiner Schulzeit ständig als Hostess bzw. Promoterin gearbeitet, da ich für wenig Arbeitsaufwand, viel Geld nebenher verdienen konnte und trotzdem noch Zeit für Hausaufgaben und Klausurvorbereitungen hatte. Auch in dieser Branche habe ich viele positive und auch negative Erfahrungen gesammelt. Ich habe während dieser Zeit viele tolle Mädchen kennengelernt, von denen ich auch lange nach den Jobs noch hörte. An anderen Tagen haben mich Messebesucher Mitte 50 gefragt, ob sie an diesem Stand auch mich und die anderen Damen für „private Zwecke" buchen könnten.

Trotzdem empfehle ich Promotionjobs gern weiter. Sie bringen ein überdurchschnittliches Gehalt, machen erste Erfahrungen im Modelbusiness möglich und sind eine sehr gute Übung für die Kommunikation in Verkaufsgesprächen.

Lookbook / Onlineshop
Durch die Globalisierung und die Entwicklung zur Informationsgesellschaft, hat sich das Kaufverhalten des Verbrauchers stark verändert. Viele Menschen kaufen ihre Kleidung heute hauptsächlich online und nicht mehr im Fachgeschäft. Für Models eine tolle Möglichkeit noch mehr Jobs zu ergattern, denn es werden ständig neue Models für Onlineshops gesucht. Als Mannequin für ein Lookbook wirst du meist in 4 „Standart-Perspektiven" fotografiert: Frontal von vorn, schräg seitlich, im Profil und von hinten. Wenn das Kleidungsstück wichtige Details wie Taschen oder Knöpfe hat, werden diese ebenfalls als Nahaufnahmen aufgenommen. Den meisten Models gefällt das posieren für Onlineshops nicht sonderlich, da es kein besonders abwechslungsreicher Job ist und man sich am Tag bis zu 50 mal umzieht, um anschließend wieder in denselben Perspektiven zu posieren. Die Gagen für solche Jobs variieren stark. Wenn dein Gesicht zu sehen ist oder du in Unterwäsche und Bademode fotografiert wirst, erhälst du auch mehr Honorar.

Wenn man regelmäßig vom selben Kunden gebucht wird und sich gut versteht, kommt es oft vor, dass man entweder privat oder geschäftlich mehr gemeinsam unternimmt. Mir ist das einmal bei der Zusammenarbeit mit einem Onlineshop passiert, für welchen ich als Lookbook-Model 2 bis 3 mal in der Woche vor der Kamera stand. Der Warenbestand wurde stetig vergrößert und so musste mehr Platz für Shirts, Hosen und Co freigeräumt werden. Da vom Hersteller immer nur wenige Artikel gleichzeitig eintrafen, wurde ich an jedem Arbeitstag nur für 2 Stunden fotografiert und durfte anschließend wieder nach Hause gehen. Bis ich eines Nachmittags gefragt wurde, ob ich nicht Lust hätte noch beim Aufbau der Regale im Lager zu helfen. „Wieso eigentlich nicht?", dachte ich mir und griff zu Holzbrettern und Bohrmaschine. Der Aufbau bereitete mir gemeinsam mit meinen lustigen Kollegen viel Spaß und zum Schluss, als wir anfingen die Ware in die Regale einzuräumen, machte mir der Inhaber des Onlineshops einen tollen Vorschlag: Wenn ich möchte, könnte ich ab sofort, für den selben Stundenlohn, auch als Warenwirtschafterin arbeiten. Man würde mir einen Tag lang zeigen, wie ich die Artikel online hochlade, Beschreibungen einfüge, sie einscanne und sie dann in das vorhergesehene Regal einräume. Und es sprach überhaupt nichts dagegen! Die Anreise zum Fotostudio war immerhin jedes mal zu lang um nur 2 Stunden vor Ort zu sein. Und eine weitere Aufgabe, die Wissen in Sachen Mode voraussetzte, so viel Spaß machte und dazu noch gut bezahlt wurde, kam mir da gerade Recht.

Deine Notizen:

Foto: Denise Roidl Fotografie
www.denise-roidl-fotografie.de

9. Jobs ergattern und gutes Geld verdienen

Nachdem dich eine Agentur in ihre Kartei aufgenommen und für dich die ersten Test-Shootings organisiert hat, wird sie selbstverständlich versuchen, dir so viele Aufträge wie möglich zu beschaffen, damit sowohl du, als auch die Agentur selbst, gutes Geld verdient und die anfänglichen Ausgaben wieder ausgeglichen sind. Oder du begibst dich als selbstständiges Model selbst auf die „Jobsuche". Du erhälst oder besorgst dir verschiedene physische und non-physische Produkte mit denen du dich bei Castings vor Kunden unter Beweis stellen kannst. Im folgenden erfährst du nicht nur, welche Arbeitsmaterialien du benötigst und bekommst, sondern auch, was ein Casting ist, wie dieses abläuft und wie es für dich zu einem persönlichen Erfolg wird.

9.1 Dein Arbeitsmaterial

Ohne das entsprechende „Werkzeug" kann kein Arbeiter seinen Job ausführen. Dasselbe gilt auch für Models. Ohne die Präsentation deiner Bilder, wirst du nicht von Kunden gebucht, da sie sich kein Bild davon machen können, wie du vor der Kamera wirkst.

Dein Portfolio
Das Portfolio, auch Fotobuch oder Modelbook genannt, dient der Präsentation deiner Bilder und sollte von dir immer zu Castings und sonstigen Terminen mitgeführt werden. Die Anordnung deiner Arbeiten ist bewusst von deiner Agentur gewählt, deswegen solltest du diese nicht ohne Absprache einfach ändern, auch wenn du der Meinung bist, dass deine hübscheren Fotos nach vorn gehören und die we-

niger schönen, eher versteckt werden sollten. Das Buch wächst über die Zeit mit dir und wird immer besser, da alte Fotos durch neue, professionellere ausgetauscht werden und die Anzahl der Fotos in deinem Book steigt. Irgendwann hast du ein Portfolio mit ungefähr 20 Bildern und kannst darin zeigen für wen du gemodelt hast, wie du auf Aufnahmen wirkst und wie wandelbar du bist. Spannend ist beim Modeln vor allem, ständig in neue Rollen zu schlüpfen und sich selbst neu zu entdecken: Mal bist du sexy, mal süß, mal kindlich, mal reif, mal stark, mal feminin, mal sportlich, mal geheimnisvoll oder völlig verrückt. Und genau diese Wandelbarkeit ist bei Kunden sehr gefragt. Am besten schaffst du ein abwechslungsreiches, interessantes Book, indem du mit möglichst vielen unterschiedlichen Fotografen, viele TFP-/Testshootings machst, denn freie Arbeiten sind oft kreativ gestaltet und du kannst selbst deine Ideen und Wünsche in das Fotokonzept miteinbringen. Das ist bei den meisten Auftraggebern leider nicht so. Das von ihnen ausgewählte Model soll genau so aussehen, wie auf einem der Fotos auf ihrem Moodboard (siehe Modellexikon). Ein vorgefertigtes Konzept lässt eher wenig Zeit und Spielraum für Kreativität. Wenn du aber Glück hast, wirst du von einem besonders experimentierfreudigen und ausgefallenen Kunden gebucht, darfst dann in einer besonderen Kulisse shooten und kannst dadurch neue Erfahrungen sammeln. Ein gutes Portfolio ist aber nicht voller schriller Bilder, sondern stellt möglichst deine Persönlichkeit und deinen Charakter dar und zeigt außerdem, welche Aufträge du gerne machst. Wenn du beispielsweise keine Dessous-Bilder machen willst, dann solltest du auch keine solchen Aufnahmen in deinem Modelbook haben, denn der Kunde muss natürlich annehmen, dass du damit kein Problem hast. Es wäre nicht nur für dich unangenehm, wenn man dich aufgrund deiner schönen Dessousfotos im Portfolio für Unterwäscheaufnahmen bucht und du das überhaupt nicht willst, weil du

dich dabei unwohl fühlst. Neben deinem „Personal Book" (welches du ständig bei dir trägst), hat deine Agentur ebenfalls eine exakte Kopie deines Portfolios. Sinn des Ganzen ist, dass Kunden sich auch während deiner Abwesenheit für dich als Model entscheiden können. Somit musst du nicht immer vor Ort sein und kannst andere Termine wahrnehmen.
Als Model ist man seinem Portfolio gegenüber besonders skeptisch, da man sich selbst auf Bildern immer anders wahrnimmt als andere. Wenn du dein Buch also nicht schön oder stark genug findest, dann rede mit deinem Booker darüber und vertraue seinem Urteil, bzw. seiner Erfahrung.

♥ *Tipp: Erwähne bei einem Casting niemals, dass dir dein Book nicht sonderlich gefällt oder du bestimmte Dinge normalerweise besser kannst. Überzeuge den Kunden davon, dass du die beste Wahl bist, die er heute treffen kann.*

Dein digitales Book
Immer mehr Models und Modelagenturen setzen auf eine digitale Präsentation des Portfolios beim Kunden. Grund dafür ist, dass es weitaus unkomplizierter ist, Bilder upzudaten, zu bearbeiten, auszutauschen und zu sortieren. So kannst du als Model dein Book auf einem iPad mit zum Casting nehmen und deine Agentur kann dir sogar während du auf dem Weg zu Terminen bist, neue Bilder zukommen lassen. Ein weiterer Vorteil ist, dass man verschiedene Modelbooks auf digitalen Geräten erstellen kann, die je nach Kunde und Casting angepasst werden. Wärst du also unterwegs zu einem Casting für einen Zahnpastahersteller, so würdest du das Book mit den Fotos wählen, auf denen du am sympathischsten aussiehst und lächelst.

Deine Sedcard
Die Sedcard könnte man auch gut Visitenkarte nennen, denn sie vermittelt den aller ersten Eindruck eines jeden Models. Sie zeigt auf der Vorderseite ein Potraitfoto von dir mit deinem Namen und auf der Hinterseite eine kleine Auswahl deiner besten Bilder (meist 4 Stück), Informationen über dich wie Brust- ,Taillen- und Hüftumfang, Schuh- und Körpergröße, Haar- und Augenfarbe sowie die Kontaktdaten deiner Agentur. Eine professionelle Karte besteht aus dickem Papier, ist von guter Qualität, und hat idealerweise ein DIN-A5-Format, damit sie überall hinein passt, nicht lästig wird und man noch etwas von den Bildern erkennt. Dein Booker versendet diese digital per E-Mail oder in Druckform per Post, um dich als Model vorzustellen. Auf Wunsch kann ein Kunde dann einen Einblick in dein Portfolio erhalten oder dich zu einem Casting einladen. Bewahre deine Sedcards immer sorgsam auf, eine verschmutze oder verknickte Karte macht keinen seriösen Eindruck.

♥ *Tipp: Du solltest in deinem Portfolio immer eine Folie voller Sedcards haben und dem Kunden vor Verlassen des Castings eine geben. Somit bleibst du in Erinnerung und verbesserst deine Chancen auf den Job.*

Dein Showreel
Selbst eine schöne Sedcard und ein starkes Book reichen dem Kunden oftmals nicht um dich zu buchen, vorallem wenn er sich zwischen mehreren Models entscheiden muss, es um einen besonders wichtigen und großen Auftrag geht und dich der Auftraggeber zuvor nicht „live" gesehen hat. Aus diesem Grund sollte jedes Model ein sogenanntes „Showreel" (auch: Demoband) von sich besitzen. Dies ist ein Video, das zeigen soll, wie du vor der Kamera wirkst, wie du dich bewegst und welche verschiedenen Emotionen du vermitteln kannst. Ein gutes Showreel dauert meist ein

bis zwei Minuten und stellt deine Persönlichkeit dar, ohne dass du etwas darüber sagen musst. Musik, Schnitte, Perspektiven, Farben und die Handlung des Videos spiegeln dich wieder und zeigen deine verschiedenen Facetten. Als Model solltest du dafür auf keinen Fall Video-Selbstversuche starten, sondern auf Profis bauen. Es ist in jedem Fall sinnvoll, ein qualitativ hochwertiges Video erstellen zu lassen, auch wenn es etwas kostspielig sein kann. Ein gutes Video erhöht deine Chancen auf Modeljobs im In- und Ausland enorm. Viele Auftraggeber sparen sich heute die Zeit und das Geld, teure Castings durchzuführen und casten ihre Models stattdessen durch die Showreels oder via Webcam.

Deine Polaroids
Polaroids (auch Polas) stehen in der Modelbranche für unverfälschte, unbearbeitete und sehr natürliche Fotos eines Models. Für diese Bilder wird man ungeschminkt, in Unterwäsche oder hautenger Kleidung vor einem neutralen Hintergrund mit einer Digital- oder Handykamera fotografiert. Polas werden Kunden gesendet, um zu zeigen wie das Model aktuell aussieht, wie es ohne Bearbeitung von Körper und Gesicht wirkt und um einen realistischen Gesamteindruck zu gewinnen. Wichtig sind diese Bilder, da die Sedcard und das Modelbook, das Model meist extrem geschminkt, gestylt und retuschiert darstellen. In der Regel macht dein Booker alle 3 Monate neue Polaroids von dir, sofern du in der Nähe der Agentur wohnst. Ansonsten wirst du darum gebeten, Polas aufzunehmen und diese an deine Modelagentur zu schicken (wie auch bei deiner Bewerbung für die Agentur). Dafür fragst du am besten deine Eltern oder eine Freundin/einen Freund um ein paar Schnappschüsse. Auch als selbstständig arbeitendes Model ist es wichtig, immer aktuelle Polaroids zu besitzen, um diese bei Bewerbungen versenden zu können. Wenn bei Castings oder Go&See's (siehe Modellexikon), Polaroids von dir

gemacht werden ist das ein sehr gutes Zeichen. Du bist in der engeren Auswahl des Kunden und deine Chancen auf den Job stehen sehr gut. In der Regel werden vom Kunden 4 verschiedene Portraits, 2 Halbkörper- und 4 Ganzkörper-Polaroids sowie ein Polaroid-Video gefordert.

Wie diese genau aussehen sollen und mit welchen kleinen Tricks du auf deinen Polaroids am besten wirkst, erfährst du als Mitglied in der Modelversity. (www.modelversity.de)

Anfangs habe ich mich sehr davor gescheut, Polas von mir machen zu lassen. Ich konnte mir nur schwer vorstellen, dass einem Kunden die Entscheidung für ein Model leichter fällt, wenn er dieses ungestylt sieht. Oft wollte ich mir die Aufnahmen nicht einmal anschauen, weil ich mir darauf nicht gefiel: Meine Augenringe zu groß, meine Haut zu blass, mein Bauch zu aufgebläht. Innerlich hatte ich stets den Drang danach, dem Kunden mit anderen Bildern zu zeigen, dass ich besser aussehen kann, bis ich irgendwann begriff, dass das Auge eines Profis, dies mit einem kurzen Blick sofort erkennt. Sie wissen genau, wie ein Model mit dem passenden Styling und den richtigen Lichtverhältnissen aussieht. Mittlerweile mache ich gerne Polas und weiß schon vorher, dass es niemanden stört, wenn ich darauf etwas müde und blass wirke.

Deine eigene Webseite
Durch die Präsentation deiner Arbeiten im Internet, wird ein größerer Kundenkreis auf dich aufmerksam und du bekommst leichter Aufträge. Fast alle Modelagenturen haben auf ihrer Webseite eine Galerie, welche alle Models der Kartei in alphabetischer Reihenfolge zeigt. Kunden können dort einen Einblick in die Portfolios, Daten und Polaroids der Models gewinnen und ihre Favoriten mit einem Stern

markieren um sich später besser entscheiden zu können. Frage deinen Booker, ob du automatisch auf der Homepage der Agentur angezeigt wirst und was dich das jährlich kostet. Ich empfehle dir auf jeden Fall, dich auf der Webseite zeigen zu lassen, da viele Kunden sich Zeit und Geld sparen möchten und nur noch vorab ausgewählte Models zu Live-Castings einladen.

Viele Models haben auch eine eigene Webseite. Diese lohnt sich für dich erst, wenn du genügend Referenzen und Fotos hast, um dich und deine Arbeit gut darzustellen. Wenn du in der Kartei einer Agentur bist, empfehle ich dir, dich vorerst nur von deren Homepage vertreten zu lassen, da dies am Anfang völlig ausreicht und dir selbst viel Aufwand erspart. Wenn du dich als Model selbstständig gemacht hast und keine Agentur für deine Vermittlung zuständig ist, dann lohnt sich eine eigene Webseite für dich eher, weil du dadurch einen gewissen „Professionalitäts-Standart" erreichst und man dich in der Branche dadurch ernster nehmen wird. Im besten Fall beauftragst du für die Erstellung der Webseite einen Profi, welcher die Homepage nach deinen Vorstellungen gestaltet und dafür sorgt, dass das Design und der Inhalt ansprechend gestaltet sind. Halte deine Webseite immer auf dem neuesten Stand, aktualisiere Daten (beispielsweise deine Kontakt E-Mail oder deine Körpermaße) und lade neue Fotos in deine Galerie, sobald du diese hast.

9.2 Das Model-Casting

Allgemein

Wenn ein Auftraggeber ein Model für eine Fotostrecke, einen Werbespot oder eine Runway-Show sucht, veranstaltet dieser ein Casting und kontaktiert Modelagenturen um mitzuteilen, wo, wann und wofür das Casting stattfindet.

Das kann eine gute bezahlte Kampagne sein, aber ebenso eine kleine Fashionshow für einen eher unbekannten Designer.
Fast alle Mädchen (oder Jungs), die von den kontaktierten Agenturen vertreten werden, erscheinen zu diesem Termin, wenn der jeweilige Kunde noch keine exakte Vorstellung des Models hat, ob klein, groß, brünett, blond, kurvig oder zierlich. In manchen Fällen kann es vier Stunden dauern, bis du endlich an der Reihe bist und dich beim Kunden vorstellen kannst. Es gibt jedoch auch sogenannte „Special-Request"- Castings. Kunden haben in diesem Fall eine exakte Vorstellung des Models (beispielsweise 1,77 m groß, sportlich, blond mit vollen Lippen) und fragen daher nur diesen Typ bei Agenturen an. Oftmals wählen sie auch vorab ihre Favoriten im Internet aus und bitten diese zum Casting. Hier beträgt die Wartezeit für dich maximal eine halbe bis dreiviertel Stunde und die prozentuale Wahrscheinlichkeit den Job zu ergattern liegt deutlich höher, da meist nicht viel Konkurrenz anwesend ist.

Ablauf
Die meisten Castings laufen sehr ähnlich ab. In der Regel wartest du gemeinsam mit anderen Models, in einem Flur oder Vorraum, bis dein Name aufgerufen wird oder bis du die vorderste Person in der Reihe bist. Im nächsten Zimmer erwartet dich eine kleine Jury (meist bestehend aus 3-4 Personen), bei welcher du dich vorstellst. Diese wird einen Blick in dein Portfolio werfen und dir ein paar Fragen stellen. Wenn du der Jury gut gefällst, werden ein paar Polaroid-Aufnahmen von dir gemacht oder du wirst aufgefordert, einen Walk vorzuführen (wenn es ein Casting für eine Fashionshow ist) oder eine kurze Szene zu spielen (beispielsweise für einen Werbespot).
Wenn du sicher gehen möchtest, dass du dem Team in Erinnerung bleibst, dann gebe ihnen zum Schluss eine Sedcard

von dir und bedanke dich. Ob du einen Job ergattert hast oder nicht, erfährst du meistens erst einige Tage später. Manchmal entscheidet sich die Jury aber auch direkt, je nachdem wie schnell das Model benötigt wird. Es gibt auch Castings für Jobs, welche noch am selben Tag stattfinden.

Vorbereitung
Damit ein Casting für dich reibungslos abläuft, solltest du einen Tag vorher nochmals die Adresse raussuchen, schauen wie du am besten dorthin gelangst und deine Tasche mit allen notwendigen Dingen gepackt haben, damit es am Morgen schnell geht, wenn du aus dem Haus musst.

Es gilt:
- IMMER dein Portfolio und ein paar Sedcards mitnehmen.
- Vor dem Casting für deine Agentur erreichbar sein, falls sich die Uhrzeit oder Adresse ändert und während dem Casting das Handy auf lautlos stellen.
- Kaugummi aus dem Mund. Vor allem bei Nervosität neigt man zu lautem und schnellem kauen.
- Wenig Makeup auftragen. Die Grundierung deiner Haut, ein wenig Wimperntusche und eine dünne Schicht Lipgloss ist völlig ausreichend.
- Gut gelaunt und pünktlich erscheinen.
- Frisch gewaschene Haare, gepflegte Nägel und rasierte Achseln/Beine.

Styling & Checkliste
Sicherlich fragst du dich, was man zu einem wichtigen Termin wie diesem am besten trägt. Dein Styling sollte für ein Casting typgerecht, figurbetont aber nicht zu aufreizend sein. Ich empfehle dir eine schlichte Röhren-Jeans und ein enges Top mit hautfarbener Wäsche darunter. Sportliche Schuhe erleichtern dir den Modelalltag und bringen dich bequem von Casting zu Casting.

In der Modelversity findest du bestimmte Tricks, wie du durch gewisses Styling, deine Vorzüge hervorheben und deine Problemzonen verstecken kannst und somit den perfekten ersten Eindruck beim Casting machst, um deine Chancen auf eine Buchung zu erhöhen. (www.modelversity.de)

In deiner Tasche solltest du außerdem immer folgendes dabei haben:
- schwarze Pumps (falls dich der Kunde in hohen Schuhen laufen sehen möchte),
- einen schlichten Bikini (falls sich der Kunde ein genaueres Bild deiner Statur machen möchte),
- ein Haargummi (falls der Kunde sehen möchte, wie du mit zusammengebundenen Haaren aussiehst),
- Abschminktücher
(falls man dich ohne Makeup sehen will),
- etwas zu trinken und Snacks
(falls du lange Zeit auf deinen Aufruf warten musst).

Das E-Casting
Da Castings immer kurzfristiger stattfinden und mit zusätzlichen Kosten für alle Beteiligten verbunden sind, entstand in den letzten Jahren eine neue Form von Castings.
Das sogenannte E-Casting erspart Models und Kunden die Anreise und Zeit, indem das Model (bzw dessen Agentur) ein Video an den Kunden sendet, in welchem es sich vorstellt und eine vom Kunden geforderte Rolle einnimmt. Da das E-Casting immer genau auf das Produkt und die Anforderungen des Kunden abgestimmt sind, ist es nicht mit dem Showreel zu vergleichen. Viele Caster großer Kunden und Filmproduktionen, setzen mittlerweile auf diese Methode und geben Models und Schauspielern dadurch die Möglichkeit für internationale Rollen und Werbespots vorzusprechen, ohne dafür weit reisen zu müssen.

Castings ohne Agentur finden und besuchen
Früher war es als Model ohne Agentur fast unmöglich, offene Castings zu finden und diese zu besuchen. Du hast Glück! Mittlerweile gibt es viele Möglichkeiten, selbstständig seriöse Angebote zu finden und Jobs zu ergattern. Im folgenden findest du dafür eine Platzierung:

3. Das Internet erleichtert unser Leben ständig, auch das eines Models. Dort stößt du durch einfache Recherchen schnell auf ausgeschriebene Castings. Auf Social Media Seiten wie Facebook können sich Fotografen, Models, Makeup-Artisten, Creative Directors und Firmen in Gruppen leicht finden und miteinander verbinden. Am besten schließt du dich dort privaten Gruppen mit wenig Mitgliedern an, welche einen Beitrittsantrag fordern, denn sie posten meist seriösere Angebote und vermeiden durch Massenmitgliedschaften, dass sich zu viele unprofessionelle Modelle auf Jobs bewerben. Das ist eine simple und gute Option, garantiert jedoch keine Seriosität, weil jedes Facebookmitglied eine solche Gruppe erstellen und verwalten kann.
Eine weitere Möglichkeit ist es in Google zu recherchieren. Meist wirst du dann zu www.casting-network.de weitergeleitet, wo du Einsicht auf eine Liste voller Casting-Angebote hast.

2. Verbinde dich mit anderen Models! Egal ob persönlich oder online, bleibe mit Shooting-Kollegen und Kolleginnen in Kontakt oder lerne neue Leute aus der Branche kennen. Die richtigen Kontakte helfen dir dabei, deinen Zielen näher zu kommen. Oft wird man als Model vor einem Shooting gefragt, ob man eventuell noch jemand anderes kennt, der für das jeweilige Thema infrage kommen würde. Ich empfehle dann immer gern Models, mit denen ich bereits vor der Kamera stand und mit denen ich mich gut verstan-

den habe. Und sie würden das selbe auch für mich tun. Es gibt noch eine weitere Methode bei der du durch die Hilfe anderer voran kommen kannst, diese empfiehlt sich besonders wenn du auf Reisen bist:
Vor allem um die Zeit der Fashionweeks tummeln sich in Modemetropolen, wie beispielsweise Mailand oder NewYork, tausende Models. Sie leben in Model-WG's und erhalten von ihren Agenturen Listen voller Casting-Adressen, welche sie nacheinander aufsuchen sollen. Wenn du dich zu den bestimmten Zeiträumen in den Metropolen befindest und ein offener, gesprächiger Mensch bist, kannst du auf Kollegen/innen zugehen und sie fragen, auf welches Casting sie als nächstes gehen oder ob du ein Foto ihres Castingplans machen kannst. Ich kenne viele Models die durch diese offene Art nicht nur neue Freunde gefunden haben, sondern auch gut bezahlte Jobs auf Castings ergattern konnten. Auf der anderen Seite gibt es natürlich auch immer Mädchen und Jungs, die dich als Konkurrenz wahrnehmen und nicht daran interessiert sind, dir zu helfen. Davon solltest du dich nicht unterkriegen lassen. Es gibt genügend Models die kein Problem damit haben, dir Termine mitzuteilen oder dich sogar mitzunehmen. Um mit dieser Methode Erfolg zu haben, musst du im Besitz eines gedruckten Portfolios und deiner eigenen Sedcard mit Kontaktdaten sein.

1. Auf den ersten Platz setze ich Branchennetzwerke bei denen du dich kostenfrei registrieren kannst, um international mit anderen Models, Agenturen, Fotografen, Designern, Firmen, Hairstylisten, Grafikdesignern und sonstigen internationalen Szene-Leuten in Kontakt zu treten. Das ist nicht nur als Newcomer ohne Agentur sehr hilfreich, sondern auch als fortgeschrittenes Agenturmodel. Nirgends helfen wichtige Kontakte mehr weiter, als im Modelbusiness, da-

her ist es wichtig, stetig neue Kontakte zu knüpfen und online aktiv zu sein.
Des weiteren gibt es Castingnetzwerke, die sich auf E-Castings, sowie das Ausschreiben von Modeljobs spezialisiert haben. Du kannst dort ein Profil mit deinen Fotos, Maßen und sonstigen Informationen über dich erstellen und verwalten und erhälst regelmäßig per E-Mail neue Job- und Castingangebote. Models.com ist eine Plattform, welche all die oben genannten Attribute miteinander verknüpft.

9.3 Tipps und Tricks

Folgende Tipps und Tricks helfen dir dabei, deine Chancen auf gute Jobs nochmals zu erhöhen und Kunden von dir zu überzeugen:

Realistische Honorarvorstellungen
Wenn du als Newface, ohne professionelle Bilder, eine hohe Tagesgage verlangst, ohne im Gegenzug gute Referenzen vorweisen zu können, wird man dich in diesem Business weder ernst nehmen, noch buchen. Hohe Gagen kannst du fordern, wenn du für namenhafte Labels vor der Kamera standest und gute Bilder vorweisen kannst. Am Anfang solltest du deine Traumvorstellungen etwas zurück schrauben und viele TFP-Shootings (siehe Modellexikon) machen, damit du aus den entstandenen Bildern ein schönes Book aufbauen kannst. Bei Castings wird dich der Kunde oft nach deiner gewünschten Gage fragen. Je nach Bekanntheitsgrad und Budget der Marke/des Designers musst du abwägen, welchen Betrag du am besten nennst. Sprich so etwas am besten immer zuvor mit deiner Agentur ab, um Pannen zu vermeiden.

Eigeninitiative
Verlasse dich nicht ausschließlich auf deine Agentur, sondern organisiere selbst regelmäßig Shootings, um mit den entstandenen Fotos dein Book zu erweitern. Eine Agentur die sieht, dass du dich aus eigener Initiative um neue Bilder kümmerst und aus ganzem Herzen vorankommen möchtest, ist selbstverständlich auch bereit, dich mehr zu unterstützen und dir für jede Rückfrage zur Verfügung zu stehen.

Professionalität
Ein Kunde der mit deiner Arbeit als Model aufgrund deiner Professionalität sehr zufrieden ist, wird dich auch künftig buchen. Sei zuverlässig, pünktlich und lasse es dir nicht anmerken, wenn du schlechte Laune hast. Vergiss nie, dass deine Agentur an dir mitverdient und dich bei schlechten Rückmeldungen seitens des Kunden, nur ungern an andere Auftraggeber weiter empfiehlt. Als selbstständiges Model ist dein Verhalten bei Jobs noch wichtiger, da du deinen Ruf selbst aufbauen und pflegen musst.

Flexibilität
Wenn du immer schlecht erreichbar bist oder nur am Wochenende Termine wahrnehmen kannst, lässt du dir viele Chancen auf tolle Jobs entgehen. Ein gutes Model ist schnell per Telefon und E-Mail erreichbar und kann auch kurzfristig Angebote annehmen. Vor allem wenn man noch zur Schule geht, ist es schwierig ein Gleichgewicht zwischen diesen Dingen zu finden. Auch mir fiel es nie einfach, mich zwischen Schule und der Modelkarriere zu entscheiden: Selbstverständlich bevorzugte ich Fotoshootings, gegenüber einer Mathe-Unterrichtsstunde, aber mir war es immer wichtig, in jedem Schuljahr versetzt zu werden und mein Abitur erfolgreich abzuschließen.

Unvergesslichkeit
Vor allem bei großen Castings mit sehr vielen anderen Models, ist es wichtig, beim Kunden einen bleibenden Eindruck zu hinterlassen und nicht in Vergessenheit zu geraten. Oftmals wird dein Book nicht einmal angeschaut, wenn du die Jury nicht bei Eintritt in den Raum sofort begeistern kannst. Den ersten Eindruck gibt es schließlich kein zweites Mal. Lächle wenn du zum Tisch des potenziellen Auftraggebers läufst, stelle dich immer deutlich mit einem Händeschütteln vor und schaue der Person gegenüber dabei in die Augen. Wenn du vermeiden willst, dass man gelangweilt durch dein Buch blättert, dann versuche parallel ein Gespräch aufzubauen. Das kannst du am besten, indem du zu manchen Bildern in deinem Buch etwas erzählst und sagst, welche dir am besten gefallen und wieso. Dein Gegenüber wird schnell merken, dass das Modeln eine Leidenschaft für dich ist und du nicht nur aus finanziellen Gründen vor der Kamera stehst. Auch auffällige Accessoires können eine Unterhaltung auslösen und einen Sympathiepunkt erzeugen. Für ein Casting eines Tierfutterherstellers, zog ich einmal extra eine Kette mit übergroßem Katzen-Anhänger an. Mein Plan funktionierte: Das erste auf das man mich ansprach war „das große, glitzernde Tier um meinem Hals".

Foto: Oliver Stetten Photography
www.oliverstetten.com

10. Beauty, Fitness, Ernährung, Styling – Dein persönlicher Modellook

Zu einem guten Image gehört es, immer in Topform zu sein. Gepflegte Haut, ein straffer Körper und angemessene Kleidung, ist als Model ein absolutes Muss. Sorge immer dafür, dass du perfekt gepflegt bist, denn wenn du gut aussiehst und dich wohl fühlst, strahlst du das auch aus. Dafür brauchst du weder teure Produkte, noch die Hilfe von Profis, sondern kannst es ganz einfach selbst in die Hand nehmen. Ich zeige dir wie!

10.1 Beauty

Strahlende und ebenmäßige Haut
Die Haut eines Models wird vor allem durch die häufige Verwendung von Kosmetikprodukten extrem belastet. Hinzu kommt häufiges Reisen, Stress und bei Frauen die Monatsblutung, welche ebenfalls Ursache unreiner Haut sein kann. Um Pickel und Pusteln bestmöglich zu vermeiden, habe ich dir im folgenden ein paar Tipps zusammengefasst:

→ Trinke viel Wasser! Es reinigt deinen Körper und hilft so, Giftstoffe loszuwerden. Deine Haut wird somit auch von Innen gut durchspült und von Schmutz und Fett befreit. Versuche mindestens zwei Liter Wasser am Tag zu trinken.
→ Ändere deine Ernährungsgewohnheiten! Meide zu viel Zucker, Alkohol, Frittiertes, Fastfood Speisen, Soft Drinks, Koffein und Medikamente.
→ UV Licht meiden: Kein übermäßiges Sonnen, kein Solarium und Tagespflege mit Lichtschutzfaktor benutzen.

→ Verwende natürliche Produkte! Viele Seifen oder Waschlotionen enthalten aggressive Inhaltsstoffe und reizen die Haut statt zu helfen.
→ Mein persönlicher Tipp ist ein Kamillendampfbad.
(Dieses bitte nicht bei Heuschnupfen oder Allergie anwenden!) Alles was du dafür benötigst, ist Kamillenblüten oder Kamillenblütenessenz, optimal in geprüfter Arzneibuchqualität aus der Apotheke, Wasser, einen Kochtopf und ein Handtuch. Kamille in Teebeuteln sind meist nicht sehr hochwertig und haben weniger Inhaltsstoffe. So geht's:
Du erhitzt Wasser in einem mittelgroßen Kochtopf, gibst die Kamille hinzu (10 Minuten ziehen lassen damit sich alle ätherischen Öle und Wirkstoffe entfalten können), hälst dein Gesicht vorsichtig darüber und legst ein Handtuch über deinen Kopf und die Schüssel. Für 10 Minuten atmest du nun durch die Nase ein und durch den Mund aus. Die Kamille gilt als traditionelle Heilpflanze und ist bekannt für ihre beruhigende und entzündungshemmende Wirkung. Regelmäßige Kamilledampfbäder bekämpfen Pickel und Mitesser: Deine Haut wird gründlich und schonend gereinigt, gut durchblutet und perfekt auf die folgende Pflege vorbereitet.
→ Lass deine Haut atmen! Gehe viel an die frische Luft und vermeide es, deine Poren mit Makeup zu „verstopfen". Verwende, wenn du dich schminkst, entweder eine hochwertige Foundation die auf deinen Hauttyp abgestimmt ist (trockene Haut / ölige Haut) oder eine leichte BB Cream (getönte Tagescreme). Beides mit Lichtschutzfaktor. Die richtige Foundation schützt die Haut vor Umwelteinflüssen und lässt sie atmen. Nutze außerdem freie Tage, um das Haus auch mal ungeschminkt zu verlassen. Als Model wirst du häufig genug geschminkt und auf wichtige Events eingeladen, wo du schöne Kosmetik auftragen kannst.
→ Achte darauf, dein Gesicht gründlich zu reinigen! Wasche dein Gesicht sowohl Morgens, als auch Abends (auch

wenn du kein Makeup aufgetragen hast). Gerade Abends ist es wichtig die Haut gut zu pflegen, da sie sich Nachts regeneriert. Am besten cremst du sie hinterher immer gut ein.
Für den Tag empfehle ich eine leichte Feuchtigkeitscreme mit Lichtschutzfaktor und für die Nacht ein leichtes Serum. Komplette Pflegeserien mit Reinigung und Creme eignen sich besser, da sie aufeinander abgestimmt sind und somit die Wirkung besser garantiert wird. Bitte achte darauf, dass diese auf deinen Hauttyp abgestimmt sind, da manche zu stark austrocknen und andere, Pickel bei normaler-, misch-, oder öliger Haut sprießen lassen, da sie zu reichhaltig sind.
→ Finger Weg von Pusteln und Mitessern! Drücke keine Pickel aus und vermeide alles, was Druck ausübt oder an der Haut reibt, da dies Entzündungen hervorrufen kann. Pickel ausdrücken verteilt die Infektion und verursacht permanente Narben, da durch das Ausquetschen, das Fett und die Bakterien in tiefer liegende Hautschichten transportiert werden. Außerdem wird umliegendes Gewebe mit beschädigt, was weitere und schlimmere Entzündungen hervorruft und an manchen Stellen wie zum Beispiel an den Schläfen auch noch sehr gefährlich sein kann, da Eiter in die Blutbahn gedrückt werden könnte.
→ Zur innerlichen Anwendung gegen Pickel gibt es spezielle Zinkpräparate. Diese am besten in der Apotheke und nicht in der Drogerie kaufen.
→ Bei vielen Mitessern kommt eine Microdermabrasion für dich in Frage.
Bei der Microdermabrasion werden abgestorbene Hautbestandteile effektiv und tiefenwirksam abgetragen. Die Neubildung von Hautzellen wird aktiviert und die Hautqualität verbessert. Das Ziel dieser schmerzfreien Behandlung ist ein gleichmäßigerer Teint und eine Verfeinerung des Hautbildes. Diese Behandlung kannst du entweder bei einer Kosmetikerin vornehmen lassen, oder du besorgst dir ein Set für Zuhause.

→ Mein absolutes Lieblingsprodukt für reine Haut ist eine elektrische Gesichtsbürste. Durch die kreisende Bewegung werden überschüssige Hautschuppen entfernt und die Haut wird besser durchblutet – Das Hautbild wird glatter und wirkt insgesamt jünger und frischer.
Die Bürste bekämpft Pickel, bringt den Teint zum strahlen und mildert Falten.
Eine ausführliche Erklärung zur Funktionsweise und Anwendung der Gesichtsreinigungsbürste findest du online in der Modelversity. (www.modelversity.de)
→ Schlafe ausreichend, Rauche nicht und wechsle regelmäßig deinen Kopfkissenbezug.

Schöne Zähne
Der erste Eindruck ist nicht ersetzbar und wird, wenn er gelingt, eine positive Erinnerung in den Köpfen anderer hinterlassen. Das gilt nicht nur für Modelcastings, sondern auch für den Alltag im „normalen" Leben. Eine sympathische Ausstrahlung gewinnst du am Besten durch ein schönes Lächeln. Dieses ist wiederum abhängig von gesunden und gepflegten Zähnen.
Es ist nicht notwendig deine Zähne bleichen zu lassen, außer es ist dein Wunsch oder die Empfehlung deiner Modelagentur. Ich rate dir von Produkten ab, die in der Drogerie erhältlich sind, da sie entweder viel zu schwach oder viel zu aggressiv wirken und dadurch deinen Zahnschmelz zerstören könnten. Am besten investierst du in eine professionelle Behandlung vom Zahnarzt, wenn du deine Zähne bleichen lassen willst. Alternativ dazu gibt es auch spezielle Kohle-Zahnpasten, welche deine Zähne Schritt für Schritt aufhellen. Auch diese kann dir dein Arzt empfehlen. Wenn deine Zähne nicht gerade sind, oder sonstige ästhetische Korrekturen benötigen bzw. du diese vornehmen möchtest, ist es wichtig, dass du jeden Schritt zuvor mit deiner Modelagentur absprichst und dich von deinem Steuerberater oder dei-

ner Krankenkasse beraten lässt, da einige Behandlungen von der Steuer absetzbar sind.

♥ *Tipp: Benutze jeden Abend Zahnseide! Sie verhindert, dass Karies zwischen den Zähnen entsteht und dort schmerzhafte Löcher verursacht.*

Leuchtende Haare
Insbesondere deine Haare verdienen eine Extraportion Pflege, da sie durch das ständige Föhnen, Stylen, Toupieren und benutzen von Stylingprodukten, sehr beansprucht werden.- Versuche regelmäßig deine Spitzen beim Friseur schneiden zu lassen, so vermeidest du Trockenheit und Spliss. Die Hairstylisten mit denen du zusammenarbeitest, werden dir sehr dankbar dafür sein, weil sie mit gesunden Haaren viel besser arbeiten können.
Eine regelmäßig angewendete Kur oder Spülung, sorgt für einen schönen Glanz. Schau am besten, dass die Produkte silikonfrei sind und du deine Haare nicht zu häufig wäschst, da sie dadurch noch mehr strapaziert werden. Wenn du eine Coloration im Haar hast, dann achte darauf, dass du nicht mit herausgewaschener oder herausgewachsener Farbe zum Job kommst. Selbstverständlich schafft man es nicht immer in letzte Minute zum Friseur, aber für diesen Fall solltest du die Farbe alleine auffrischen können.

♥ *Tipp: Wenn du mal keine Spülung zur Hand hast, kannst du deine Haare nach der normalen Haarewäsche einfach mit kaltem Wasser abspülen. Durch die Kälte legt sich die Schuppenschicht enger an den Haarschaft an, wodurch die Feuchtigkeit und die Nährstoffe der Produkte im Haar gehalten werden und sich die Poren schließen, um die Ausschüttung von neuem Haarfett zu verringern. Deine Haare lassen sich einfach kämmen, fetten nicht so schnell nach und bekommen einen seidigen Glanz.*

Gepflegte Hände und Füße
Eine Maniküre oder Pediküre ist gar nicht so aufwendig und kompliziert, wie viele denken. Nach einem Bad oder einer Dusche, ist deine Haut besonders weich. Mit einer großen Hornhautfeile kannst du dann vorsichtig an den Füßen feilen, wo es notwendig ist. Anschließend trägst du eine Bodylotion oder spezielle Fußcreme auf, damit deine Haut geschmeidig bleibt. Auch Nägel sind nach dem Kontakt mit warmen Wasser sehr weich und lassen sich daher einfach schneiden. Es spielt keine Rolle ob du lange oder kurze Finger- und Fußnägel hast, hauptsache du schneidest sie auf eine Länge und feilst die Kanten ab. Anschließend lackierst du sie in einem dezenten Farbton. Auffällige Farben sind vom Kunden meist nicht erwünscht und wenn doch, dann wird sich eine Stylistin vor Ort darum kümmern. Wenn du an deinen Nägeln kaust (Keine Sorge, du bist nicht die einzige, ich selbst habe dieses Problem nie los bekommen), empfehle ich dir einen speziellen Nagellack mit bitterem Geschmack aus der Apotheke.

Zarter Körper
Zu deiner regelmäßigen Körperpflege gehört: Duschen, Rasieren und Eincremen. Viele junge Mädchen bekommen nach dem Rasieren unschöne rote Rasierpickelchen. Diesen beugst du vor, indem du Rasierer mit Gelkissen oder Rasierschaum benutzt. Wenn das nicht hilft, gibt es zusätzlich Lotionen, die man nach der Rasur aufträgt um Rötungen zu vermeiden oder zu mildern. Am besten lässt du dich dafür in der Apotheke beraten. Eincremen ist ebenfalls sehr wichtig, vor allem im Winter, wo deine Haut schnell austrocknet und schuppen bildet.

Hübsches Makeup
Am Anfang deiner Karriere benötigst du noch kein komplettes Makeup-Set, solltest dir dieses aber im Laufe der

Zeit anschaffen, da es immer mal wieder vorkommen kann, dass du dich selbst schminken musst, wenn die Makeup-Artistin beispielsweise verhindert ist. Darauf solltest du vorbereitet sein. Ein Basis-Set sieht ungefähr so aus:

1. Flüssiges Makeup und Puder oder Makeup-Mousse (wähle Produkte, die für dich einfach in der Handhabung sind)
2. Augenbrauenstift und -puder
3. Mascara
4. Lidschatten in verschiedenen Tönen: Beige, Braun, Weiß, Schwarz, etwas farbiges und etwas mit Glitzer (deine Wahl) und ein kleines Pinselset
5. Lipliner in einem natürlichen Farbton (Am besten helles braun)
6. Lippenstift und Lipgloss in einer natürlichen und einer auffälligeren Farbe (z.B. nude, braun und rot)
7. Eyeliner (ich empfehle Geleyeliner mit Pinsel)
8. Rouge, Bronzer und Highlighter nach Wunsch

Wenn du Tättowierungen, Pigmentstörungen oder Narben hast, dann empfehle ich dir ein stark deckendes Makeup zu kaufen (Camouflage). Dieses musst du im Alltag nicht auftragen, ist aber bei Fototerminen eine gute Wahl. Wichtig ist auch, dass du deine Produkte frisch hälst und dein Makeup-Werkzeug wie Pinsel und Schwämmchen regelmäßig reinigst, um Irritationen oder Infektionen an den Augen zu vermeiden. Am besten nimmst du dir dafür ein Mal im Monat, ein paar Minuten Zeit und wäschst deine Pinsel mit einem milden Shampoo oder reinigst deine Produkte mit einem feuchten Desinfektionstuch.

Wie du in nur 5-Minuten mit wenigen Produkten ein hübsches Tagesmakeup kreierst, zeige ich dir online in der Modelversity. (www.modelversity.de)

10.2 Fitness

Sport ist nicht nur gut für deine Figur, sondern fördert auch dein gesundheitliches und seelisches Wohlbefinden. Als Model wird dein Körper und Geist durch lange Arbeitstage, Jetlag, Stress und anstrengende Posen vor der Kamera belastet. Ausreichend Bewegung sorgt dafür, dass dein Immunsystem gestärkt wird, sich deine Ausdauer verbessert, du einen strahlenden Teint hast, dein Körper in Form bleibt, du psychisch belastbarer bist und eine glückliche Ausstrahlung hast.
Welchen Sport du ausübst, ist ziemlich egal, hauptsache du fühlst dich wohl und hast Spaß. Das Angebot in der Fitnessbranche ist endlos: Kraftsport, Tanzen, Ausdauertraining, Kampfsport, Yoga und Reiten sind nur ein paar Beispiele. Achte aber darauf, dass dein Körper nicht zu muskulös wird, da du sonst nicht mehr kommerziell als Model arbeiten kannst, sondern der Nische Fitnessmodel zugeteilt wirst. Ich weiß, dass es schwierig sein kann sich selbst zum Sport zu motivieren. Auch mir fiel das zu Beginn sehr schwer. Ich probierte vieles aus und fand letztendlich meine Leidenschaft im Krafttraining. Anfangs dienten die Übungen nur dazu, meinen Rücken zu stärken, da ich ein Hohlkreuz habe. Nach kurzer Zeit merkte ich jedoch, dass ich mich im Alltag besser fühlte. Die Müdigkeit, die mich Nachmittags sonst überkam war plötzlich verschwunden, meine Haltung wurde aufrechter, wodurch sich meine Ausstrahlung und Präsenz gegenüber anderen veränderte. Schwierige Situationen waren für meine Psyche eine weniger große Belastung als sonst, meine Haut wirkte straffer und dehnbarer und viele Freunde und Bekannte kamen auf mich zu, um mir zu sagen, dass ich gesünder und glücklicher aussehen würde als sonst. Du merkst, dass Sport Disziplin verlangt, dir aber im Gegenzug auch viel zurück gibt.

Um fit zu werden musst du kein Geld ausgeben. Wenn dein monatliches Einkommen noch sehr gering ist und du dich nicht in einem Studio oder Verein anmelden kannst oder möchtest, gibt es jede Menge anderer Möglichkeiten, in Form zu bleiben. Online findest du eine ganze Reihe kostenloser Workouts und Yoga-Übungen, die du immer und überall mit einer Bodenmatte ausüben kannst. Auch Joggen kannst du jederzeit. Nur solltest du dabei aufpassen, dass du nicht bei Einbruch der Dunkelheit in ruhige Gebiete gehst oder dich auf Reisen zu weit von deinem Hotel entfernst. Viele Unterkünfte haben auch einen Fitnessraum, ein Schwimmbad oder einzelne Geräte mit denen du trainieren kannst. Am besten fragst du immer direkt beim Einchecken danach, schaust online auf der Webseite, oder rufst vorher an und erkundigst dich, ob und welche Angebote es gibt. Wenn du länger im Ausland bist, lohnt es sich deine Agentur zu fragen, ob es in deiner Nähe ein Fitnessstudio gibt, das Model-Monatskarten anbietet. Das ist in vielen Modemetropolen der Fall, da die meisten Studioinhaber wissen, dass Models nur für wenige Wochen bis Monate bleiben und somit keinen Jahresvertrag unterschreiben können.

In der Modelversity habe ich für dich ein 15-Minütiges Bauch-Beine-Po Workout erstellt, welches du immer wieder machen kannst, um in Form zu bleiben. (www.modelversity.de)

10.3 Ernährung

Viele junge Frauen denken, dass es ein Erfolgskonzept zum schlank bleiben sei, wenig zu essen oder sogar ganz auf Mahlzeiten zu verzichten, leiden dann unter einer Esstörung und stehen vor dem Karriere-Aus. Kranke Magermodels sind schon lange kein Trend mehr auf dem Markt und werden, glücklicherweise, auch nicht mehr häufig gebucht. Der

Trend hat sich in den vergangenen Jahren viel mehr zu einer gut proportionierten, fraulichen und sportlichen Figur, sowie einer gesunden Ausstrahlung entwickelt. Ohne regelmäßige, ausgewogene Mahlzeiten fehlt dir die Energie, die du als Model brauchst.

Wenn du der Meinung bist, abnehmen zu müssen, dann rede am besten mit deinem Booker darüber. Er wird sich um eine gute Beratung kümmern und dir ehrlich sagen, ob du das überhaupt nötig hast.

Versuche es immer erst mit Sport und wenn dies nicht funktioniert, dann unterziehe deinem Körper auf keinen Fall eine Crash-Diät. Sie lässt dich verhungert und traurig aussehen und sobald du deine Essgewohnheiten wieder normalisierst, versucht dein Körper so viele Nährstoffe wie möglich zu sammeln, weil er Vorräte für den Fall haben will, dass er nochmal ohne nährende Substanzen auskommen muss. Das ist der sogenannte Jojo-Effekt, da du folglich mehr zunimmst, als du zuvor abgenommen hast. Gefährlich sind auch Diätpillen, die dir den Himmel auf Erden versprechen: Gewicht verlieren, ohne etwas dafür zu tun. Völliger Blödsinn. Die Werbungen von Herstellern solcher Mittel, spielen mit den Traumvorstellungen potenzieller Kundinnen und stapeln Werbelügen ins Unendliche. Solche Pillen sind nicht nur nutzlos, sondern können durch unbekannte Bestandteile auch eine Gefahr für deine Gesundheit darstellen. Also vergiss diese angeblichen Zaubermittel und nimm stattdessen Vitamine zu dir, mit denen du gesund und fit bleibst.

Wenn eine Ernährungsumstellung, in Kombination mit Kraft- und Ausdauersport, keine Ergebnisse liefert, empfehle ich dir einen Ernährungsberater. Jeder Mensch hat einen anderen Stoffwechsel, daher sollten Ernährungspläne individuell abgestimmt werden. Die Hilfe eines Profis ist dafür optimal. Um dein Gewicht einfach nur zu halten und deinem Körper etwas gutes zu tun, empfehle ich dir nicht zu oft zu Frittiertem zu greifen, einen Bogen um Speisen mit viel Zucker zu machen, spät Abends keine Kohlenhydrate mehr zu essen und zu Mahlzeiten lieber ein großes Glas Wasser, statt Cola zu trinken. Wenn du merkst, dass du dich trotz einer guten Ernährung oft schlapp fühlst, häufig frierst und schnell zunimmst oder nicht zunehmen kannst, solltest du deinen Hausarzt aufsuchen. Eine Schilddrüsen Über- oder Unterfunktion könnte die Ursache dafür sein.

Model, Ernährungsexperte und Personaltrainer Aleksandar Jankovic verrät dir in einem Gastvideo im Mitgliederbereich der Modelversity, wie du dich ganz einfach gesund ernähren kannst und wieso bewusste Ernährung für dich als Model so wichtig ist.
(www.modelversity.de)

10.4 Styling

Modische Outfits
Als Model arbeitest du hauptsächlich in und für die Fashionbranche. Für dein Image und dein Auftreten vor Kunden ist es also wichtig, gut gekleidet zu sein. Vorallem wenn ein Kunde sich zwischen zwei Models nicht entscheiden kann, zählt jedes Detail und so kann ein gutes Outfit schnell zum entscheidenden Faktor werden. Dass du für jede Saison passende Kleidung brauchst, bedeutet aber nicht, dass du viel Geld für Designerware ausgeben musst – Ganz im Gegenteil. Du kannst mit wenig Geld tolle Stücke kaufen und die einzelnen Teile immer wieder untereinander zu neuen Outfits kombinieren. Es ist nicht nötig, dass du einen Look bis ins kleinste Detail planst, denn schlichte, schicke Looks sind bei Kunden weitaus beliebter. Bleibe deinem eigenen Style aber treu, damit du dich wohl fühlst und das auch ausstrahlst. Wenn dein Booker für dich ein Testshooting organisiert hat, dann rufe diesen an und frage, ob du Kleidung mitbringen sollst, und wenn ja, in welchem Stil oder wel-

cher Farbe. Hast du dich selbst um ein Shooting gekümmert, dann halte darüber am besten Rücksprache mit dem Fotografen.
Im folgenden habe ich dir ein paar zeitlose Looks zusammengestellt, die du für wenig Geld in fast jeder Boutique oder Online (Vorschläge dafür findest du in der Modelversity) kaufen kannst:

Alltagslooks (Auch für Castings geeignet)
1. Schwarze enge Jeans, weißes Shirt mit V-Ausschnitt, schwarze Bikerjacke aus Leder und Boots
2. Lederleggins, enges Top, schwarzer Blazer und Sneaker
3. Hochgeschnittene schwarze Shorts, Jeanshemd, Braune Jacke, schwarzer Hut und braune Budapester

Abendgarderobe (Für Events, Diskobesuche oder ein Abendessen mit anderen Models)
1. Weiße Hose, nudefarbene Bluse,weißer Blazer und Halbschuhe oder Pumps in weiß oder nude
2. Das kleine Schwarze (nicht zu kurz), Accessoires wie feine Ketten und High Heels
3. Jumpsuit oder Overall, Schuhe optional je nach Anlass und Accessoires (Schön sind hier auffällige Gürtel)

Praktische Unterwäsche
Ein Tanga ist unauffällig und wirkt unter fast jedem Outfit, als würde man keine Unterwäsche tragen. Am besten schaffst du dir 5 verschiedene an. Jeweils einen schwarzen und weißen, sowie 3 weitere in deinem Hautton. Diese benötigst du hauptsächlich für Castings und Fitting-Jobs. Im Alltag kannst du die Unterwäsche wählen, die du als angenehm empfindest. Damit aber auch hier keine Nähte durch die Kleidung drücken, empfehle ich dir sogenannte „Seam-

less Underwear", das sind Panties ohne Naht, meist aus sehr bequemen, dehnbarem Stoff.

Auch deine Büstenhalter sollten für den Alltag, eher praktisch statt schön sein. Ein BH in natürlichem Farbton, aus glattem Stoff (keine Spitze, keine Ziernähte) und mit abnehmbaren Trägern ist perfekt. Zusätzlich solltest du dir einen Klebe-BH anschaffen. Diesen kannst du immer wieder verwenden, wenn du ihn nach Gebrauch wieder in seine Folie verpackst.

Schuhe und Socken
Den Alltag solltest du immer in bequemen Schuhen verbringen, um dir selbst und deinen Füßen etwas Gutes zu tun. Kurz bevor du ein Casting betrittst, kannst du dann deine Sneaker gegen sexy High Heels austauschen. Für professionelle Jobs brauchst du meistens nicht zusätzlich Schuhe mitbringen. Aber bei kleineren Aufträgen ist das öfter der Fall. Damit du darauf optimal vorbereitet bist, solltest du im Besitz folgender Schuhe sein:
  - Sneaker
  - schwarze klassische Pumps
  - schwarze Stiefel / Boots
  - schwarze Sommersandalen
  - schwarze Sandaletten mit Absatz
  - Ein paar ausgefallene High Heels, gern auch farbig

Empfehlungen findest du auch in der Modelversity. (www.modelversity.de)

In der Regel sagt dir der Fotograf oder dein Booker, ob und welche Schuhe du zum nächsten Fotoshooting mitbringen sollst. Wenn das nicht der Fall ist, dann frage einfach nochmal selbst nach.

Wichtig ist, dass du die Paare gut pflegst und sie wie neu aussehen. Oft wirst du nur bis zu den Knien fotografiert, musst aber trotzdem hohe Schuhe anziehen, weil dann deine Haltung schöner aussieht und du dadurch eine andere, stärkere Ausstrahlung gewinnst.

Wenn du vermeiden möchtest, bei Fotoshootings Socken zu bekommen, die bereits andere Models getragen haben, dann bring am besten eigene mit. Gut zu gebrauchen sind Seidensöckchen in Schwarz und in einem hautfarbenen Ton, sowie Kniestrümpfe in verschiedenen Farben und ein Paar Sportsocken. Das ist nicht nur angenehmer für dich, sondern schützt dich auch vor übertragbarem Fußpilz.

Deine Notizen:

Foto: Oliver Stetten Photography
www.oliverstetten.com

11. Der Schlüssel zum Erfolg – Dein Image

Kein bekanntes und erfolgreiches Model hat es bisher, nur mit einem hübschen Gesicht und einem tollen Körper nach oben geschafft. Schön sind viele, aber das „Gewisse Etwas" haben nur wenige. Viel wichtiger als ein Beauty-Face und ein Vicoria-Secret-Körper ist das Image eines Models.
Damit ist der Eindruck, den die Öffentlichkeit von einer Person oder Sache hat, gemeint.
Cara Delevingne gehörte (vor ihrem Ausstieg), trotz einer ungewöhnlichen Körpergröße von 1,73m zu den gefragtesten Topmodels der Welt. Was sie auszeichnet ist ihre schrille und freche Art: Sie streckt auf dem roten Teppich gern mal die Zunge raus, nimmt kein Blatt vor den Mund, schwimmt gegen den Strom und interessiert sich nicht für die Meinung anderer. Ihre authentische Art macht sich bezahlt: 2015 landet sie mit 75 Millionen Dollar Umsatz auf Platz 1 der bestbezahltesten Models der Welt. Und das mit zarten 23 Jahren.
Ein guter Ruf sorgt für eine höhere Anerkennung, mehr Jobangebote und höhere Verdienste. Wenn du als Model ein gutes Image hast, werden dich Kunden an Geschäftspartner weiterempfehlen und dich regelmäßig buchen. Auch deine Auftragsarten können davon abhängen: Wenn du beispielsweise eine bestimmte Sportart gut ausüben kannst und Bilder davon in deinem Portfolio hast, wirst du mit mehr Jobs dieser Art rechnen können.

Dein Image hängt von folgenden Faktoren ab:
→ Aussehen: Körpergröße, Körperbau, Gesichtszüge, Haarfarbe, Hautfarbe,...
→ Kleidungsstil: Sexy, Cool, Außergewöhnlich,...

→ Persönlichkeit und Verhalten: Selbstbewusst, Schüchtern, Verführerisch, Tough, Zart,...
→ Schlagzeilen, wie zum Beispiel Skandale, Erfolgsgeschichten, Interviews,...
→ Kundenzufriedenheit: Professionelles Arbeiten, gute oder schlechte Ergebnisse,...

11.1 Professionelles Verhalten

Oberste Priorität für ein gutes Image ist professionelles Verhalten. Kein Kunde wird dich buchen, wenn er zuvor nur negatives über dich gelesen und gehört hat. Und ein Auftraggeber wird dich kein zweites Mal als Model auswählen, wenn er unzufrieden mit deiner geleisteten Arbeit war. Im folgenden möchte ich dir noch ein paar Tipps geben, welche garantieren, dass du am Ende des Tages einen guten Job gemacht hast und der Kunde sowie deine Mitarbeiter zufrieden mit dir und deiner Arbeit als Model sind.

→ Sei pünktlich. Die Zeitpläne für Fotoshootings und Castings, sind meist sehr knapp bemessen. Nur wenn jeder an einem Strang zieht, läuft alles nach Plan. Kommst du also zu spät, müssen auch alle anderen länger arbeiten. Am besten planst du deine Fahrt so, dass du 10-15 Minuten früher beim Termin bist. Wenn dann mal die Bahn nicht rechtzeitig kommt, hast du trotzdem noch die Chance, rechtzeitig da zu sein.
→ Geh am Abend vor Jobs und Castings nicht aus. Deine Agentur wird es nicht gern sehen, wenn man vom Vorabend Partybilder und Videos von dir im Netz findet und du mit Augenringen, wenig Schlaf und schlechter Laune zu Terminen erscheinst.
→ Stelle dich zu Beginn eines Termins bei jedem Teammitglied vor und versuche dir, die Namen aller Anwesenden einzuprägen. Das schaffst du am Besten, indem du in Ge-

danken noch einmal den Namen des Gegenüberstehenden wiederholst.

→ Gehe respektvoll mit allen vorhanden Requisiten um (Kameras, Lampen, Kleidung, Accessoires, Makeup usw.) und frage immer den zuständigen Mitarbeiter, ob du etwas benutzen oder es dir genauer anschauen darfst. Dasselbe gilt auch für Snacks die herumstehen. Solltest du Hunger bekommen, dann frag einfach ob es in Ordnung ist, wenn du schnell eine Kleinigkeit isst oder dir etwas vom Buffet nimmst. Bei längeren Fotoshootings gibt es oft auch ein gemeinsames Mittagessen. Ist das der Fall, dann versuch am besten deinen Hunger bis dahin zu unterdrücken, indem du Kaugummi kaust oder viel Wasser trinkst.

→ Lass dich von anderen nicht provozieren und fange niemals einen Streit am Set an. Das ist schlichtweg unprofessionell und wird dir in Zukunft weniger Jobs einbringen.

→ Behalte deine Meinung besser für dich, wenn dir etwas nicht gefällt. So hart es auch klingen mag, aber als Model ist es nicht deine Aufgabe die Outfits, das Makeup oder die Foto-Idee zu bewerten, außer du wirst direkt nach deiner Meinung gefragt. Du wirst bezahlt, um hübsch auszusehen. Bedenke stets, dass hinter jedem Detail eine menge Mühe steckt und du jemanden damit verletzten könntest, indem du seine oder ihre Arbeit negativ bewertest.

→ Wenn du mit etwas nicht einverstanden bist, dann scheue dich nicht davor, auch mal NEIN zu sagen. Wenn du keinen eigenen Willen hast und alles mit dir machen lässt, verlieren andere Menschen leicht den Respekt vor dir.

→ Sei du selbst und scheue dich nicht davor mit anderen zu reden. Je kommunikativer du bist, desto sympathischer wird dich der Kunde finden und dich somit auch künftig buchen wollen. Du musst nicht nur still da sitzen und das möchte auch niemand.

→ Sei auch für spontane Aufträge gut vorbereitet. Manchmal passiert es, dass deine Agentur dich kontaktiert und du eine Stunde später schon am anderen Ende der Stadt sein sollst. Am besten hast du für solche Fälle immer eine fertig gepackte Tasche und ein schlichtes, zusammengestelltes Outfit in der Ecke deines Schranks liegen.

11.2 Imagewechsel als Sprungbrett?

Wenn du der Meinung bist, dass eine Typveränderung dir zu mehr Jobs und einem besseren Image verhelfen kann, dann besprich diese Idee als Erstes mit deiner Modelagentur, wenn du bei einer solchen unter Vertrag bist. Ansprechpartner sollte bei solchen Dingen immer dein Booker sein, da er als persönlicher Berater an deiner Seite steht und weiß, welche Modeltypen momentan auf dem Markt besonders gefragt sind. Deinen Look kannst du relativ schnell und einfach ändern, beispielsweise durch einen neuen Haarschnitt, eine andere Haarfarbe oder neue Kleidung. Wichtig dabei ist aber, dass du dir selbst treu bleibst und keine Rolle annimmst, die du nicht vertreten kannst, denn das wirkt unnatürlich und aufgesetzt. Was du an dir veränderst, solltest du dir vorher sehr gut überlegen, da es lange Zeit dauern kann, einen Look zurück zu gewinnen. Mach dir Gedanken darüber, was dich genau auszeichnet. Meine roten Haare haben sich beispielsweise über die Jahre, zu meinem persönlichen Markenzeichen entwickelt. Ich kenne kaum jemanden, der nicht gesagt hat, dass er sich mir mit einer anderen Haarfarbe gar nicht mehr vorstellen könne. Die Menschen in meinem Umfeld kennen mich nur als „die Fabiola mit den roten Haaren". Sie gehören mindestens genau so zu meinem Image, wie die Liebe zu goldenen Accessoires und meiner lebensfrohen Art.

11.3 Im Gespräch bleiben

Dein Image solltest du pflegen und für positive (!) Publicity nutzen. Je mehr Menschen auf dich aufmerksam werden, desto wahrscheinlicher ist es, viele Jobs zu bekommen und vom Modeln leben zu können. Das schaffst du am Besten, indem du so oft wie möglich in verschiedenen Medien zu sehen und zu hören bist. Sehe dich regelmäßig im Internet danach um, ob momentan Models für Interviews gesucht werden, oder Darsteller für Fernsehproduktionen (Zum Beispiel „ Auf und davon „ oder „Mein Auslandstagebuch" bei VOX). Durch Artikel in Magazinen oder kleine Auftritte im Fernsehen vergrößert sich deine Reichweite enorm. Wichtig dabei ist aber, dass es sich um seriöse Medien und Sendungen handelt, da die Regie dich sonst durch bestimmte Schnitttechniken und Falschaussagen schlecht darstellt und dein Image dadurch zerstören kann. Wenn du bei einer Agentur unter Vertrag bist, dann frage immer erst deinen Booker, was er von einer Bewerbung bei bestimmten Formaten hält und ob er sie eher als Sprungbrett oder Schiffsbruch sieht.

Auch ich habe in diesem Bereich sowohl positive, als auch negative Erfahrungen gesammelt. Einmal habe ich mich, aufgrund guter Bezahlung, für ein bekanntes Teenie-Magazin interviewen lassen. Als Model unter Konkurrenzdruck, sollte ich meine Meinung bezüglich Schönheitsoperationen äußern. Während des Gesprächs mit der Redakteurin sagte ich, dass ich zwar kein großer Fan meiner Nase bin, sie allerdings aufgrund der Risiken niemals korrigieren lassen würde. Als wenige Wochen später die Ausgabe mit meinem Interview veröffentlicht wurde, bin ich fast rückwärts vom Stuhl gefallen. Übertragen wurde in dem Artikel folgender Inhalt (nicht Wortgenau übertragen):„Ich bin sehr unzu-

frieden mit meiner Nase, denn ich finde sie zerstört mein ganzes Gesicht. Jedes Mal wenn ich in den Spiegel schaue, möchte ich diesen am liebsten wieder verdecken. Ich und mein Partner streiten uns deswegen schon sehr häufig, da es keinen Tag gibt an dem ich nicht über meinen Zinken spreche und beteuere, wie sehr ich mich endlich unter's Messer legen will." Du kannst dir sicherlich vorstellen wie enttäuscht und wütend ich war. Im Nachhinein erklärte man mir, es sei eine Aufforderung der Chefredaktion gewesen, den Artikel „etwas" dramatischer zu gestalten, sodass er für Leser spannender sei.

Überlege dir also immer gut, für und mit wem du zusammenarbeiten möchtest. Wenn du dir unsicher bist, kannst du mit anderen Models und Darstellern reden, die bereits für das Format gearbeitet haben, an dessen Teilnahme du interessiert bist.

Deine Notizen:

Foto: Shot by munyendo

12. Die dunklen Seiten der Glamourwelt

Alle Dinge im Leben haben Vor- und Nachteile. Es wäre naiv zu denken und unfair das Bild zu vermitteln, dass die Fashionbranche als Model das pure Paradies ist. In diesem Business gibt es sehr wohl auch Schattenseiten. Mir liegt es sehr am Herzen, dir eine realistische Vorstellung deines Traumberufs zu geben und dich auch über negative Erfahrungen aufzuklären, damit dein Traum vom Modeln nicht zum Alptraum wird.

Es gibt viele Dinge vor denen ich dich warnen und beschützen möchte, deshalb habe ich in diesem Kapitel nicht nur meine eigenen Erfahrungen integriert, sondern berichte auch von Erlebnissen, die mir Freunde aus dem Business erzählt haben.

Neid und Eifersucht
Als Model hast du es nicht einfach. Vor allem gegenüber anderen Mädchen. Nicht jede kann und möchte dir den Erfolg gönnen, denn viele junge Frauen würden gern selbst vor der Kamera stehen, viel Geld verdienen und Magazincover schmücken. Manche können es jedoch aufgrund ihrer Voraussetzungen nicht oder haben keinen Mut, den ersten Schritt zu wagen. Um sich vor sich selbst zu rechtfertigen und sich mit der eigenen Unsicherheit besser zu fühlen, versuchen sie dich ebenfalls zu verunsichern und dir Dinge einzureden, die so nicht stimmen. Lass dich davon auf keinen Fall aus der Bahn werfen. Dein Erfolg wird dir Recht geben und spätestens wenn du durch deine ersten Aufträge einen wahren Stolz gegenüber deiner Arbeit entwickelst, werden dir die bösen Zungen anderer egal sein. Ich selbst kann über dieses Thema ganze Bücher schreiben.

Als ich das erste Mal erzählte, dass ich gern modeln würde, hagelte es nur an Kritik: Ich wäre dafür viel zu klein, nicht hübsch genug und würde zu viel träumen. Umso größer wurde die Motivation meinen Mitschülern das Gegenteil zu beweisen. Eine schmerzhafte Erfahrung wie sich später herausstellte. Als ich meine ersten Modelfotos in sozialen Netzwerken hochludt, musste ich vieles einstecken. Es hieß, ich würde mich zu freizügig präsentieren, mich jetzt als etwas besseres fühlen und in Wirklichkeit nicht so gut aussehen wie auf den bearbeiteten Fotos der Fotografen. Du kannst dir sicherlich vorstellen, wie sehr mich diese Anschuldigungen verletzt haben, denn im Prinzip tat ich nichts anderes als die anderen: Mein Hobby ausüben. Auch die meisten meiner Lehrer begegneten meiner neuen Leidenschaft nicht mit viel Freude und Unterstützung. Sie waren der festen Überzeugung, dass ich die Schule vernachlässigen würde. Nichtsdestotrotz wollte ich mit dem Modeln erfolgreich werden, auch wenn das bedeutete, dass ich fast jede Pause alleine verbringen musste, weil es plötzlich als peinlich galt mit mir befreundet zu sein. Nach einer Weile hatten sich die Menschen in meiner Umgebung an die neue Fabiola gewöhnt und akzeptierten meine Veränderung. Ich fand Freunde, die mich unterstützen und machte mir nicht mehr viel aus den Intrigen, die Neider über mich verbreiteten.

Rückblickend war es die beste Entscheidung, mich nicht von anderen unterkriegen zu lassen, egal wie schwer es in dieser Situation auch erschien. Ich empfehle dir dasselbe. Vergiss nie: Wer versucht dir Träume auszureden oder sie dir durch gemeines Verhalten zu zerstören, der versucht nur seine eigene Unsicherheit und seinen Neid damit zu überspielen. Hör nicht auf die Meinung anderer und zieh dein Ding durch, egal wie schwer es dir fällt. Danach bist du stärker und allen anderen meilenweit voraus! Auch Männer können sehr eifersüchtig reagieren und dich ganz für sich haben wollen. Ich hatte einmal einen Freund, der gar nicht davon begeistert war, mein Gesicht plötzlich auf Plakaten in der Stadt zu sehen und weniger zu verdienen als ich. Ich versuchte ihm seine Eifersucht zu nehmen, indem ich ihm anbot, mich auf ein Fotoshooting zu begleiten. Ausgerechnet bei diesem Job, sollte ich gemeinsam mit einem anderen, attraktiven Männermodel posieren. Nach einiger Zeit trennten sich unsere Wege, da für mich schon immer fest stand, dass ich nur einen Partner möchte, der mich voll und ganz, zu 100% unterstützt.

Falsche Freunde
Erst wenn du Erfolg hast, weißt du wer deine wahren Freunde sind. Wenn du merkst oder von anderen hörst, dass jemand aus deinem Bekanntenkreis hinter deinem Rücken schlecht über dich spricht oder versucht, dir das Modeln auszureden, dann kannst du dir sicher sein, dass es die jeweilige Person nie ernst mit dir und eurer Freundschaft gemeint hat. Wahre Freunde unterstützen dich dabei, deine Träume zu verwirklichen und helfen dir, wo sie nur können. Und selbst wenn sie von der Idee nicht im gleichen Maß beeindruckt sind wie du, würden sie dir ehrlich und behutsam ihre Meinung mitteilen, ohne dir dabei etwas ausreden zu wollen. Sie rufen dich an und fragen dich wie es dir geht, auch wenn du momentan auf einem anderen Kontinent lebst, um dort zu arbeiten.

Ich empfehle dir, dich von Leuten zu entfernen, die es nicht gut mit dir meinen.

Auf der anderen Seite gibt es auch Frauen und Männer, die dich plötzlich wie beste Freunde behandeln, obwohl sie dir zuvor noch nie einen Blick gewürdigt haben. Viele Menschen möchten von deinem Ruhm profitieren und „ein Stück vom Kuchen" abhaben. Das ist nicht nur extrem verwirrend, sondern auch sehr gemein. Ich selbst habe viele

„Freunde" durchs Modeln verloren und bin, rückblickend, sehr froh darüber. Sonst hätte ich wohl nie heraus gefunden, wer es wirklich ernst mit mir meint.

Einsamkeit
Viele Models sind sehr einsam. Man lebt weit weg von zu Hause, sieht Freunde und Familie nur sehr selten, ist fast immer allein unterwegs und wechselt den Wohnsitz wie andere ihre Unterwäsche. Es ist sehr schwierig Freundschaften aufzubauen, da die meisten Models immer nur für wenige Tage oder Wochen in einem Land sind, bevor sie weiter ziehen. Das ist der Preis dafür, die Welt kostenlos zu bereisen, viel Geld für wenig Arbeit zu bekommen und immer wieder neue Abenteuer zu erleben. Wenn du international modelst, musst du einen Weg finden, mit dieser Einsamkeit zurecht zu kommen. Es ist wichtig, dass du den Kontakt zu den geliebten Menschen aus deiner Heimat nicht verlierst und regelmäßig nach Hause fliegst, um Freunde und Familie zu besuchen. Ich kenne viele Models, die am Alleinesein zerbrochen sind und nach einer langen Karriere, Schwierigkeiten hatten, sich wieder zu integrieren, auf die Bedürfnisse anderer zu achten und keine egoistischen Entscheidungen mehr zu treffen.
Vor allem als junges, weibliches Model, kann es gefährlich werden immer allein unterwegs zu sein und fremden Menschen zu vertrauen. Wenn du also zu Beginn deiner Karriere auf Castings eingeladen wirst oder deine ersten Jobs hast, empfehle ich dir, jemanden mitzunehmen, den du gut kennst (Beispielsweise deine Mutter, eine Freundin oder deinen Bruder). Du fühlst dich dadurch sicherer, es macht mehr Spaß und die Menschen aus deinem Bekanntenkreis können sich ein Bild vom Modelalltag machen. Frage am besten deinen Booker, ob es in Ordnung ist, wenn dich jemand begleitet. Das ist meistens kein Problem. Extra anfallende Kosten werden dafür aber nicht übernommen. Nach

einer Weile hat sich dein Bewusstsein gegenüber bestimmten Situationen gefestigt, sodass du keine Begleitung mehr brauchst und die Freiheit genießt, nun auf eigenen Beinen zu stehen. Ich selbst, habe anfangs immer meine Mutter an meiner Seite gehabt. Und bekam dafür in 90% der Fälle, mehr Lob als Kritik zu hören, was uns beide natürlich sehr freute. Meine Mutter fiel selbst in jungen Jahren einmal auf einen vermeintlichen Fotografen herein, der sie und ihre Schwester nach einer Einladung in sein „Fotostudio" bat, sich in seinem Wohnzimmer zu entkleiden (Was sie selbstverständlich nicht taten). Aus diesem Grund war ihr meine Sicherheit immer sehr wichtig, auch wenn ich allgemein immer sehr gut einschätzen konnte, wer seriös ist und wer nicht.

Betrüger
Ich bin der festen Überzeugung, dass es in kaum einem anderen Bereich mehr schwarze Schafe gibt, als in der Modelbranche. Auf der ganzen Welt tummeln sich unglaublich viele Betrüger, die jungen Mädchen das Geld aus der Tasche ziehen, ihnen den Himmel auf Erden versprechen und deren Unerfahrenheit schamlos ausnutzen. Meist sind das unseriöse Modelagenturen, die sehr viel Geld für das Erstellen von Sedcards verlangen, Männer und Frauen die sich als Modelscouts ausgeben und hohe Summen in Rechnung stellen oder Fotografen die ausschließlich an erotischen, pädophilen Bildmaterialien interessiert sind.
Ein guter Freund erzählte mir einmal, eine Modelkollegin sei für einen mehrtägigen Job als Partnerin eines Millionärs in Dubai gebucht worden (Sie sollte so tun, als wäre sie seine Lebensgefährtin). Versprochen wurden ihr dafür mehrere tausend Euro, keinerlei Gegenleistungen und ein Leben im puren Luxus. Sie rief ihn nach dem Aufenthalt mit zitternder Stimme an, erzählte ihm sie sei mehrmals vergewaltigt worden und hätte am Ende ihres Aufenthalts 400 Euro ent-

gegen geschmissen bekommen. Mir wird jedes mal schlecht, wenn ich an dieses Horrorszenario denke.
Ich möchte an dieser Stelle auf keinen Fall das Bild vermitteln, dass dir gleich das Allerschlimmste mit Fremden passiert, aber du solltest immer wachsam bleiben, nicht jedem sofort vertrauen und genügend Informationen sammeln, bevor du zu einem Termin gehst oder etwas unterzeichnest. Wichtig ist, dass du keine Angst davor hast, offen und ehrlich deine Meinung zu sagen. Wenn du dich also jemals in einer Situation unwohl fühlst, dann scheue dich nicht davor, auch mal nein zu sagen oder einfach zu gehen und berichte immer deiner Agentur, bzw. deinem Booker von negativen Erfahrungen. Damit hilfst du nicht nur dir selbst, sondern auch anderen Models, die ohne deinen Bericht vielleicht in die selbe Situation gekommen wären.

Höhenflüge
Es ist sehr leicht, seinen Kopf zu verlieren und vom Boden der Realität abzuheben, wenn man als Model um die Welt reist, kostenlos in den nobelsten Clubs der Stadt feiert und von vielen Leuten nahezu angehimmelt wird. Vergiss nie, dass du dich von anderen in deinem Alter nicht unterscheidest, bis auf dass du ein hübsches Gesicht hast und in eine kleine Konfektionsgröße passt. Das ist ein kostenloses Geschenk der Natur an dich. Nicht jeder ist damit gesegnet und das ist auch völlig in Ordnung. Es ist sehr oberflächlich, den eigenen Wert nach der dicke des Geldbeutels und dem Äußeren zu bemessen. Manchmal hilft es, dich an die Zeiten vor dem Modeln zurück zu erinnern, als du noch die Schulbank drücken musstest und für einen niedrigen Stundenlohn beim Bäcker nebenan ausgeholfen hast.

Vorurteile
Als Model hast du mit vielen Klischees zu kämpfen. Viele Menschen suchen mit einer Lupe nach Fehlern, die natür-

lich auch zu finden sind. Schließlich sind auch Models nur ganz normale Menschen und keine übernatürlichen Wesen ohne Makel. Wenn du eine Weile lang im Geschäft bist, wirst du merken, dass die meisten Klischees sich nicht erfüllen. Oft heißt es, Models wären dumm, ihr Job sei der einfachste der Welt, sie würden den ganzen lieben langen Tag nur Koks konsumieren und wären alle reich. Alles völliger Quatsch.

In jeder Branche gibt es Arbeiter, die nicht über sonderlich viel Intelligenz verfügen, versuchen ihren Frust durch den Konsum von Drogen zu lindern, weniger verdienen, als die meisten annehmen und mehr für ihren Job opfern müssen, als man glauben mag. Für sämtliche Berufe gibt es gewisse Klischees. Lass dich davon nicht verunsichern oder provozieren. Du bist keinem Menschen auf dieser Welt eine Rechenschaft für deine Arbeit schuldig, vor allem nicht wenn du sie gern tust und sie dich erfüllt.

Falsches Selbstbild durch Kritik

Es wird oft vorkommen, dass Modelkollegen und Kunden dich einschüchtern und dein Selbstbewusstsein schwächen wollen, indem sie dich ständig zu verbessern versuchen und dir mitteilen, was an deinem Körper nicht schön oder nicht proportional genug ist.

Ich selbst habe einmal eine sehr unangenehme Erfahrung mit solchen Leuten gemacht, als ich für das Shooting einer Haute Couture Designerin gebucht wurde. Die Fotografin öffnete mir damals die Türe, zog ihre Augenbraue hoch und sagte mir, dass ich nicht das wäre, was sie sich vorgestellt und gewünscht hätte. Ich würde auf Bildern wesentlich größer und schlanker aussehen, als in Wirklichkeit und die Kleider würden „unter diesen Umständen" auf keinen Fall gut an mir aussehen. Hätte ich den ganzen Tag ein offenes

Ohr für ihre Beschwerden gehabt, wäre ich wohl mit bleibenden psychischen Schäden nach Hause gegangen.

Du kannst solche Situationen nicht umgehen. Egal wie perfekt du auch sein magst, es wird IMMER Menschen geben, die an dir etwas auszusetzen haben. Und das ist auch überhaupt nicht schlimm. Lass dich von anderen nicht wahnsinnig machen und schenke ihren Worten auf keinen Fall glauben, nur weil sie länger im Business sind als du oder bereits mehr Erfahrungen gesammelt haben. Oft fragt man sich als Model auch, wieso es bei Castings nicht für den Job gereicht hat oder wieso ein anderes Model, statt einem selbst ausgewählt wurde. Dafür gibt es keine bestimmten Gründe und du solltest eine Absage nicht persönlich nehmen. Du bist so wie du bist. Entweder man akzeptiert dich oder eben nicht. Versuche niemals, dich für andere zu verändern, eine Rolle einzunehmen oder es anderen nach ihren Vorstellungen Recht zu machen. Auf Dauer würde dich das sehr unglücklich machen. Die beste Ausstrahlung hast du dann, wenn du dich selbst liebst und akzeptierst.

Essstörungen
Wer von uns stand nicht schon einmal vor dem Spiegel, hat sich selbst betrachtet und sich als zu dick empfunden? Richtig, JEDER. Der Zwang, dünn zu sein, der viel durch die Modewelt und Medien gefördert wird, lässt Millionen Frauen und Männer weltweit hungern. Allein in Deutschland leiden rund 700.000 Menschen unter einer Essstörung, darunter sind 20% der Betroffenen männlich. Unterschieden wird dabei in Anorexia Nervosa (Verweigerung der Nahrungsaufnahme, bzw. Magersucht) und Bulimie (Ess-Brech-Sucht). Einige nehmen Medikamente, wie beispielsweise Abführmittel, Appetitzügler oder Entwässerungsmittel und setzen sich ein Kalorienmaximum von 500 Kilokalorien pro Tag (normal sind 2500 kcal für eine junge Frau), um immer

weiter abzunehmen. Viele zerstören damit ihre Gesundheit, denn der Körper braucht täglich viele Proteine, Eiweiße, Fette, Vitamine und weitere wichtige Stoffe um seine volle Leistung zu erbringen und Krankheiten durch ein gutes Immunsystem vorzubeugen. Unterzieht man ihm die Tortur, keine Nährstoffe mehr zuzuführen oder aufgenommene Nahrung wieder auszuspucken, hat dies schreckliche und irreparable Folgen, für überlebenswichtige Organe wie die Leber, das Herz, den Darm und die Nieren. Mode, Reichtum, Ruhm und Schönheit sind es auf keinen Fall wert, deine Psyche und deinen Körper zu zerstören. In keinem Business herrscht mehr Konkurrenzkampf als unter Models. Die anderen scheinen immer besser, schöner und dünner zu sein. Das ist aber noch lange kein Grund, sich bis auf die Knochen herunter zu hungern. Lass dir von anderen niemals einreden, dass du nicht schlank genug bist und bleib fern von Agenturen und Kunden, die nur mit dir zusammenarbeiten wollen, wenn du an Gewicht verlierst. Entweder man akzeptiert deinen Körper so wie er ist oder eben nicht. Niemand hat das Recht, dir etwas vorzuschreiben oder dir gar das Essen zu verbieten. Wir sollten froh sein, genügend Essen zu können und so eine wundervolle, große Auswahl in unseren Supermärkten vorzufinden, denn in anderen Ländern verhungern Menschen. Nicht weil sie schlank sein möchten. Sondern weil sie keine andere Wahl haben.

Ich selbst habe leider auch meine Erfahrung in diesem Bereich machen müssen. Zu Beginn meiner Karriere suchte ich oft im Internet nach Tipps und Tricks für angehende Models, da ich mehr Aufträge wollte und von vielen Agenturen zunächst eine Absage bekam (wofür ich meinen Körper verantwortlich machte). Bei meiner Recherche stieß ich auf zahlreiche sogenannte Pro-Ana Blogs, die online Magersucht als etwas tolles bewerben, Tipps zum Abnehmen geben und Bilder krankhaft dünner Frauen und Mädchen als Vorbilder posten. Aus irgendeinem Grund fand ich gefallen an diesem Trend und steigerte mich immer weiter in ein falsches Selbstbild und somit in ein ungesundes Essverhalten hinein. Ehe ich mich versah, aß ich nur noch 700 kcal pro Tag und wog nach einigen Wochen lediglich 43 kg mit einer Körpergröße von 165cm. Ich fühlte mich jeden Tag schlapp, fand kaum Kraft aus dem Bett zu steigen, hatte mit starken Stimmungsschwankungen zu kämpfen, quälte mich nur noch mit Gedanken rund um Essen, bekam schreckliche Bauchkrämpfe und ständige Kopfschmerzen, verschwendete meine kostbare Zeit stundenlang mit dem Abspeichern von Bildern magersüchtiger Frauen im Internet, verlor viele Freunde durch völlige soziale Isolation und fühlte mich hilflos gegenüber diesem Alptraum ausgesetzt. Selbstverständlich entging meine Entwicklung niemanden und so begann auch meine Familie, sich schreckliche Sorgen um mich zu machen. Ich zwang mich selbst oft zum Essen, um meine geliebte Mutter nicht zu enttäuschen und weinte anschließend stundenlang, weil ich meine Tageskalorien-Zahl überschritten hatte. In den Augen anderer klingt das vermutlich absolut krank. Und das ist es ohne Frage auch. Nur leider erkennt man das als Betroffene nicht oder will es sich selbst nicht eingestehen. Nach einer langen Zeit ohne Freude am Leben beschloss ich, dass es so nicht mehr weiter gehen kann. Ich musste es schaffen diesem Teufelskreis zu entfliehen – Egal wie! So wie ich es mir zuvor zum Ziel gemacht hatte, 40 kg zu wiegen, so machte ich es ab diesem Zeitpunkt zu meinem Ziel, dem Ganzen zu entkommen und einen Weg zurück in die Normalität zu finden. Ich googelte nun nach Anti-Ana Beiträgen, motivierte mich selbst mit Geschichten von Frauen, die es aus der Magersucht geschafft haben und bat meine Freunde darum, mich beim Essen zu unterstützen. Mit sehr viel Disziplin und Unterstützung, schaffte ich es schließlich meinem gestörten Essverhalten Goodbye zu sagen und fand in die Normalität zurück. Und ich bin noch heute dankbar für die Stärke, diese Krankheit alleine überwunden zu haben, denn das schaffen leider nur die Wenigsten.

Viele Frauen leiden trotz professioneller Hilfe, in speziellen Kliniken, ihr Leben lang an Essstörungen, fallen immer wieder in alte Verhaltensmuster zurück und müssen im schlimmsten Fall für die Essstörung mit ihrem Leben bezahlen. Wenn ich mir jetzt alte Bilder von mir ansehe und Blogs besuche, die ich damals nahezu vergöttert habe, schäme ich mich für mein Verhalten und mir schießen die Tränen in die Augen. Diese Geschichte hat absolut keine Vorbildfunktion, aber ich hoffe, dass ich dich damit vor dieser schrecklichen Krankheit und ihren Folgen warnen kann und du niemals den selben Verhaltensmustern verfällst.

Drogen
Mit den Drogen ist es wie mit der Magersucht: Es ist ein endloser Teufelskreis und wird von vielen Models als verlockendes Allheilmittel wahrgenommen. Einige versuchen, mithilfe von ihnen schlank und wach zu bleiben, der Realität zu entfliehen und lange Castingtage mit endlosen Partynächten zu vereinbaren, ohne dabei aus den Latschen zu kippen. Vor allem in Modelapartments und Diskotheken im Ausland, ist der Konsum oft Alltag. Drogen sind dort sehr leicht erhältlich und werden einem ständig von Kollegen angeboten. In manchen Nachtclubs mischt man Models sogar Ecstasy in die Getränke, damit sie vor anderen Partygästen den Eindruck vermitteln, dass sie unglaublich viel Spaß haben und in diesem Club die schönste Nacht ihres Lebens verbringen. Zwar vermitteln viele Rauschmittel einem zunächst ein tolles Gefühl, haben jedoch später verheerende Auswirkungen. Am besten probierst du sie gar nicht erst aus, sondern sagst von Anfang an „Nein, Danke!".

Damit schützt du dich davor, gefallen daran zu finden und einer Sucht zu verfallen. Ich habe einige Models gesehen, die daran zugrunde gegangen sind und den Alltag nicht mehr ohne Pillen überstehen konnten, da sie sonst stark depressiv geworden wären. Ein sehr, sehr trauriges Dasein, wie ich finde.

Alkohol und Zigaretten
Oft werden bei Modenschauen und Fotoshootings schon um acht Uhr morgens Sektglässchen angeboten, damit die Models lockerer werden. Sich ab und zu ein Glas zu nehmen ist normal und völlig okay. Aber trinken bis einem der Apetit vergeht und man vergisst, was letzte Nacht passiert ist – Davon rate ich dir ab! Vergiss nicht, dass Alkohol auch eine Droge ist, die zur Sucht führen kann. Bewahre stets einen klaren Kopf und kenne dein Limit, um peinliche Situationen und Skandalgeschichten zu vermeiden. Diese tun dir und deiner Karriere nämlich überhaupt nicht gut. Auch Zigaretten können sehr verlockend sein, da sie dir ständig von Kollegen angeboten werden. Viele Models rauchen um die langen Wartezeiten bei Castings zu überbrücken, als Ersatz fürs Naschen, weil es unter Mannequins fast eine Art Trend ist, mit dem Glimmstingel in der Hand Gespräche zu führen oder weil es durch zahlreiche Partynächte zur Gewohnheit geworden ist (Zigaretten schmecken in Kombination mit Alkohol merkwürdigerweise viel besser, als sie es sonst tun). Am besten testest du die Zigarettenpausen erst gar nicht aus, damit sie nicht zur Gewohnheit werden und deine Haut altern, deine Haare glanzlos aussehen und deine Zähne gelb werden lassen. Ein Model muss jung und frisch aussehen, nicht faltig und schlapp.

Freizügigkeit
Viele Magazine und Kunden wollen Models für Fotostrecken oben ohne fotografieren, zum Beispiel weil es schön

aussieht, um Schmuck auffälliger darzustellen, für künstlerische oder für sexy Editorials. Das klingt beim ersten Lesen wahrscheinlich total unseriös, ist es aber in der Regel gar nicht. Es reicht aus, für wenige Minuten in einen Zeitschriftenhändler zu gehen und verschiedene Modezeitschriften durchzublättern, um zu merken, dass das fast normal geworden ist und mit Pornografie nichts zu tun hat. Das bedeutet selbstverständlich noch lange nicht, dass du dich topless fotografieren lassen musst! Ob du solche Fotos machen willst, musst du selbst entscheiden. Vergiss den Mythos darum, dass freizügige Fotos dich berühmt machen oder dir schneller Türen öffnen – Das stimmt nicht. Es gibt einige Topmodels, die noch nie zuvor Bilder mit entblößten Brüsten von sich haben machen lassen. Wenn du ganz sicher nicht als Teilaktmodel arbeiten willst, solltest du das deiner Agentur von Anfang an mitteilen, damit sie das den Kunden und Fotografen vorher sagen können. Sonst ist es vielleicht schon zu spät und du bist für einen solchen Job gebucht. In diesem heiklen Bereich gilt das selbe, wie in jeder anderen Kategorie auch: Nimm nur Jobs an, hinter denen du hundertprozentig stehst, sonst bereust du die Aufnahmen hinterher. Ganz egal, wie gut sie vergütet werden.

Lästige Männer
Der Beruf Model wirkt sehr anziehend auf das männliche Geschlecht. Wieso das so ist? Tja, das wüsste ich auch gern. Zwar haben wir als Mannequins eine größere Auswahl an Männern, müssen uns dafür aber auch mit vielen Machos, Volltrotteln und den „Ich verstehe kein Nein"-Typen herumschlagen. Letzteres halte ich persönlich für die schlimmste Sorte. Es kann ganz schön beängstigend sein, wenn es einer auf dich abgesehen hat, der einfach keine Absage akzeptiert und dir über Wochen und Monate nahezu ständig auflauert. Wenn du kein Interesse hast, solltest du das also bestenfalls von Anfang an sehr deutlich machen und auf keinen Fall

deine private Adresse oder Handynummer herausgeben, sonst wirst du keine Nacht mehr ruhig schlafen können. Während deiner Karriere werden dir auch immer wieder Männer begegnen, die dich mit ihren Reichtümern versuchen zu beeindrucken und dich als hübsche Begleitung für den Abend „einkaufen" möchten. Ich hoffe, du gehörst zu den Mädchen, die sich von solchen Angebern nicht beeindrucken lassen. Typen, die derart mit Geld und Status protzen, denken, sie könnten sich Liebe erkaufen und haben meist nichts anderes zu bieten außer einem dicken Geldbeutel und ein teures Auto. Es ist schöner, wenn du deine Zeit bodenständigen, netten Männern widmest die etwas zu erzählen haben und dich zum Lachen bringen. Und noch ein weiterer Tipp: Vor allem beim Modeln solltest du den Beruf und das Privatleben voneinander trennen. Es ist nicht die beste Idee mit einem Stammkunden zu flirten oder deinen Lieblingsfotografen zu daten, denn nach Beendigung einer solch „geschäftlichen" Beziehung, endet meist auch die eigene Karriere als Model.

Absagen
Bevor du einen Auftrag erhälst, bucht der jeweilige Auftraggeber eine Option für dich. Das bedeutet, dass du dir den Tag an welchem das Shooting oder die Show stattfinden soll, freihalten musst, weil du in der engeren Auswahl des Kunden bist. Zu Beginn macht man sich bei einer Option große Hoffnungen auf den Job und ist sehr enttäuscht, wenn es dann doch nicht klappt. Wenn man länger im Geschäft ist, gewöhnt man sich allerdings daran, dass aus vielen Optionen nichts wird. Lass dich davon nicht aus der Bahn werfen. Kunden die dich letztendlich doch nicht buchen, meinen das keinesfalls persönlich. Du solltest eher stolz darauf sein, es in die engere Auswahl geschafft zu haben! Manchmal kommt es leider auch vor, dass dir Jobs für die du bereits gebucht wurdest, einfach spontan abgesagt

werden, weil der Kunde sich plötzlich für ein anderes Model entschieden hat und dich nicht mehr braucht. Das ist zwar nicht einfach zu verkraften, aber leider Alltag in diesem Business. Wenn dir der Auftraggeber rechtzeitig absagt, bekommst du dafür keine Vergütung. Solltest du allerdings eine sehr kurzfristige Absage erhalten, dann versuche möglichst noch eine Bezahlung als Entschädigung herauszuholen.

Auch ich habe solche Situationen leider schon erlebt. Was ich niemals vergessen werde, war der Moment, als ich am Anfang meiner Karriere eine Absage für einen Auftrag in Italien erhielt. Ich hätte damals für einen bekannten Motorsport-Sender in Venedig vor der Kamera stehen sollen und mich bereits Wochen vorher auf den Job gefreut. Bis man mich 2 Stunden vor der Abreise anrief und mir mitteilte, dass es leider nicht klappen würde, da man davon ausging, dass ich weitaus älter sei und man auf dem gebuchten Bahn-Ticket nun entdeckt hätte, dass ich zu jung für den Job sei. Du kannst dir sicherlich vorstellen, wie enttäuscht ich damals war. Im zarten Alter von 15 Jahren erschien mir dieses Missverständnis als totale Niederlage und ich war an den darauffolgenden Tagen kaum ansprechbar. Rückblickend finde ich die Geschichte aber ganz lustig. Und gelernt habe ich daraus vorallem eines: Mache niemals ein Geheimnis aus deinem Alter!

Foto: Andrea Magin
www.quadratiges.de

13. Kein Job für die Ewigkeit – Berufliche Absicherung und Alternativen

13.1 Schönheit ist vergänglich

Viele junge Frauen und Männer vergessen, dass man leider nicht für immer im Blitzlichtgewitter steht und eine Modelkarriere zeitlich begrenzt ist. Zwar gibt es Topmodels wie Heidi Klum, die noch mit Mitte 40 jede Menge Aufträge erhält, jedoch sollte man das nicht als Norm sehen. Nach einer Weile im Business verändern sich Trends, du bist als Model plötzlich nicht mehr gefragt oder die Arbeit macht dich nach ein paar Jahren einfach nicht mehr glücklich, weil dir innere Zufriedenheit fehlt und du dir mehr Sicherheit wünschst. Auf diese Veränderungen solltest du vorbereitet sein, indem du dir vor, während oder nach dem Modeln eine berufliche Zukunft mit einer Arbeit aufbaust, bei der das Alter und Aussehen keine Rolle spielt.

Vor allem, wenn du sehr früh mit dem Modeln beginnst, darfst du nie vergessen, dass ein Schulabschluss enorm wichtig ist und du diesen auf jeden Fall in der Tasche haben solltest, ehe du dich auf die Karriere als Model konzentrierst. Manchmal ist man von den neuen, luxuriösen Erfahrungen und Eindrücken so geblendet, dass man aus den Augen verliert, wie das Leben ohne sie wäre. Du kannst problemlos ein Studium oder eine Ausbildung beginnen, wenn du nebenberuflich modeln möchtest. Strebst du allerdings eine richtige Model-Karriere mit Auslandsaufenthalten an, dann empfehle ich dir ein Fernstudium. Dieses ist finanzierbar und lässt sich mit Reisen vereinbaren. Dazu gehört selbstverständlich viel Selbstdisziplin und genaue Absprachen mit deiner Agentur (zum Beispiel vor Prüfungsphasen), aber mit viel Ehrgeiz und Stärke ist das durchaus machbar. Es ist sicher nicht leicht, einen gut bezahlten Auftrag abzusagen, weil du stattdessen lernen musst und eigentlich nicht im geringsten motiviert bist, dich mit Büchern zu begraben, aber manchmal muss man sich leider zwischen Dingen entscheiden. Auch die Wochen vor Klausuren sind wichtig, denn ich halte es nicht für möglich, den ganzen Tag auf Castings zu gehen und nebenher oder anschließend noch genügend zu lernen. Ein Kunde der unbedingt mit dir zusammenarbeiten möchte, hat dafür Verständnis und kann warten. So wie deine Agentur ohne Probleme freie Wochen schaffen sollte, an denen du nicht buchbar bist. Zusätzlich kannst du dich auch mit Fachbüchern und Kursen auf das Gebiet vorbereiten, in dem du später gern arbeiten würdest. Damit kannst du auch herausfinden, was dich wirklich interessiert. Wenn du schlau bist, legst du außerdem Geld zur Seite, mit dem du nach dem Modeln gegebenenfalls Weiterbildungen, Umschulungen, Studien oder ein eigenes Business finanzieren kannst. Viele denken, sie würden ohne offizielle Nachweise wie Diplome, Zertifikate oder Auszeichnungen (die man beim Modeln nicht erhält), keinen Anschluss in der Arbeitswelt finden, doch das stimmt so nicht. Mit den Erfahrungen, die du als internationales Model gesammelt hast, kannst du sehr gut auf Arbeitssuche gehen. Du bist flexibel, kreativ, selbstbewusst, spontan, überzeugend, sehr professionell und vor allem diszipliniert, in dem was du tust. Außerdem kannst du dich und deine Arbeit selbst managen, weißt wie man richtige Kontakte knüpft, hast ein zielstrebiges Denken, viel Erfahrung mit unterschiedlichen Menschen und Kulturen, verfügst über eine hohe Belastbarkeitsgrenze, kannst vielfältige internationale Joberfahrungen vorweisen, besitzt Teamgeist und kannst durch viele gewonnene Eindrücke, zur

Entwicklung neuer Ideen beitragen. All das sind Qualitäten, die man nach einer Zeit als professionelles Model vorweisen und mit denen man eine komplett neue Karriere beginnen kann.auf Chefs oder Geschäftspartner, die dich aufgrund deiner Model-Karriere belächeln und nicht ernst nehmen, kannst du sowieso verzichten. Dafür kennst du deinen Wert als Arbeitskraft hoffentlich zu gut.

13.2 Alternative Berufe in der Branche

Hinter der Kamera: Nach einer Weile im Rampenlicht, kann einem der Trubel um die eigene Person zu viel werden, sodass man sich lieber zurückzieht und andere Wege einschlägt.

MakeUp- und Hairstylist/in
Wenn man einige Male professionell von Visagisten und Hairstylisten geschminkt und frisiert wurde, kennt man nach einer Weile die Techniken und Tricks der Profis und kann sie selbst anwenden. Es ist zwar deutlich einfacher, sich selbst zu stylen, aber ich bin mir sicher, dass jedem eine gute Freundin oder ein guter Freund zur Seite steht, welche sich als Testperson zur Verfügung stellt. So kannst du heraus finden, ob es dir überhaupt Freude bereitet, diese Rolle einzunehmen. Selbst wenn du kein Naturtalent bist und das Ergebnis nicht aussieht wie erwünscht, obwohl du eine Menge Spaß daran hast: Es gibt für diesen Beruf zahlreiche Kurse, Schulungen, kurze Ausbildungen und auch jede Menge kostenloser Informationen und Videomaterial im Internet. Viele Mädchen (und auch Jungs) haben den Traum, mit Schminken Geld zu verdienen, glauben allerdings, dass es schwierig ist, in diesem Bereich genügend Aufträge zu erhalten. Ich kann dich beruhigen: Das ist nicht wahr. Es gibt zahlreiche Agenturen, die dir als Makeup-Artist, Aufträge für Hochzeiten, Fotoshootings, Fashions-

hows und Privatkunden vermitteln und dafür eine Provision erhalten. Das selbe Konzept, mit dem auch Modelagenturen arbeiten. Auch durch die Entwicklung von Social Media, kann man sich heute mit diesem Beruf leicht selbstständig machen beispielsweise durch eine eigene Webseite, einer intensiven Präsenz mit großer Reichweite auf sozialen Netzwerken oder indem man als ehemaliges Model mit Kunden zusammenarbeitet, für die man einst vor der Kamera stand.

Stylist/in
Als Modeexpertin stellst du bei Foto und Filmproduktionen, Outfits für die Models und Darsteller zusammen und planst die Looks mit Accessoires bis ins letzte Detail. Stylisten brauchen einen genauen Blick und viel Feingefühl, das hat nicht jeder. Ich persönlich bin der Meinung, dass man nur schwer lernen kann, wie bestimmte Farben und Schnitte zueinander passen und welcher Schmuck dazu gut aussieht. Meist hat man aus der eigenen Natur heraus ein Gespür für Mode, oder eben nicht. Wenn du dich gut mit Fashion auskennst, dich viel mit aktuellen Trends beschäftigst, zahlreiche Marken und Designer im Schlaf nennen kannst und es dir unheimlich viel Freude bereitet Kleidung zu kombinieren und andere einzukleiden, dann ist ein Einstieg in dieses Gebiet ideal für dich. Mithilfe von Büchern und Magazinen, kannst du dich immer weiterbilden und entwickelst nach einer Weile einen ganz eigenen Stil, von dem du aber auch abweichen kannst, ohne dass die Outfits an optischer Qualität verlieren. Auch hier gilt: Über die richtigen Kontakte in der Branche bekommt man die besten Aufträge. Am besten beginnst du hier bei jemandem, der in dir aufgrund deines persönlichen Stils ein großes Talent sieht und überzeugt ist, dass du einen guten Job machen kannst.

Fotograf/in
Fast nirgends ist der Konkurrenzkampf größer als unter Fotografen. Viele Menschen träumen davon, vom Fotografieren leben zu können und die eigenen Bilder in namenhaften, exklusiven Magazinen zu sehen. Unterschätze die Arbeit nicht, denn sie ist knochenhart. Wenn du in diesem Bereich erfolgreich sein möchtest, musst du es wirklich wollen und mit der Zeit einen eigenen Bildstil entwickeln, der dich unverkennbar macht. Durch deine Erfahrung als Model hast du einige Vorteile: Du kannst frühere Kontakte zu Fotografen nutzen, um dich bei ihnen als Assistentin zu bewerben, hast bestenfalls Ersparnisse für ein professionelles Fotoequipment und genügend Modelkolleginnen, die du ablichten kannst, um eine Fotomappe mit deinen Werken zu erstellen. Es gibt viele einstmalige Models, die ihre Leidenschaft in der Fotografie gefunden haben. Ein gutes Beispiel dafür ist die deutsche Fotografin Ellen von Unwerth. Mit zarten 16 Jahren wurde sie bei einem Fotoshooting für die Bravo in München, vom Chef der Modelagentur Elite entdeckt und 1975 nach Paris gebracht, wo man sie zum Topmodel machte. 11 Jahre später porträtierte sie mit einer geliehenen Kamera, einheimische Kinder bei einer Fotoproduktion in Kenia. Das französische Modemagazin Jill veröffentlichte diese Aufnahmen später. Sie beschäftigte sich ab diesem Zeitpunkt mehr mit Fotografie und erzielte erste Erfolge mit einer Kampagne des Jeans Labels Guess, welche sie für die französische Elle fotografieren sollte. Heute lebt und arbeitet Ellen von Unwerth in Paris und New York, gehört seit einigen Jahren zur obersten Liga der Fotografenszene und shootet regelmäßig mit den bekanntesten Topmodels für die namenhaftesten Mode- und Lifestylemagazine weltweit.

Redakteur/in bei Zeitschriften
Wenn es dir Spaß macht selbst zu schreiben, über Inhalte zu bestimmten Trends zu recherchieren und Projekte zu leiten, dann bist du in der Redaktion eines Modemagazins sehr gut aufgehoben. Viele Fashionistas träumen davon, für eine namenhafte Zeitschrift zu arbeiten und in der aufregenden Welt des Glitzer und Glamour Fuß zu fassen. Wir erinnern uns an dieser Stelle an den Film „Der Teufel trägt Prada" mit Anne Hathaway. Ich empfehle dir, so viele Bewerbungen wie möglich als Praktikantin oder Assistentin an verschiedene Magazine zu verschicken und bestenfalls Kontakte aus diesem Bereich zu nutzen, die du während deiner Arbeit als Model gesammelt hast. So sicherst du dir einen Platz und lernst schnell dazu, auch wenn du zu Beginn nur einfache Aufgaben übernimmst oder solche, die eigentlich keiner sonst machen möchte. Zwar mag es komisch sein, vom Model zum Praktikanten zu werden, der anderen den Kaffee serviert, aber so negativ darfst du das nicht sehen. Hab keine Angst davor, ganz unten anzufangen. In der Fashionbranche öffnen sich mit Talent viele Türen, man kann sehr leicht Nachfolgejobs in ganz unterschiedlichen Nischen bekommen und in kurzer Zeit immer bessere Positionen erreichen. Vor allem ehemalige Models sind als Mitarbeiter bei jeglichen Unternehmen in der Modebranche sehr beliebt, da sie zu jedem Bereich praktische Erfahrung mitbringen und wissen, wie das Business funktioniert.

Fashionbuyer/in
Fashionweeks auf der ganzen Welt besuchen und dabei in der First Row sitzen, Eintrittskarten für alle Events der Modebranche erhalten, Designerkleidung für Einkaufshäuser und Boutiquen aussuchen und immer Top gestylt aus dem Haus gehen. Das klingt in den Ohren vieler wie der absolute Traumberuf, doch dahinter steckt nicht nur Glamour,

sondern auch jede Menge harte Arbeit. Als Einkäufer ist man für die qualitative (Selektion) und quantitative (Menge, Stückzahlen) Planung eines Sortiments verantwortlich und bestimmt, welche Stücke neuer Kollektionen von Designern in die Läden kommen und zum Verkauf angeboten werden. Das klingt einfacher, als es tatsächlich ist. Bei der Auswahl muss darauf geachtet, dass die Umsatzzielvorgaben des jeweilien Unternehmens erreicht werden und die Restbestände möglichst minimal bleiben. Als Fashionbuyer musst du also nicht nach deinem eigenen Stil und Geschmack gehen, sondern dich den durchschnittlichen Bedürfnissen und Wünschen des Verbrauchers anpassen, diese kennen und das zur Verfügung gestellte Budget bestmöglichst ausnutzen. Außerdem ist es deine Aufgabe, Abverkaufsberichte zu erstellen und zu analysieren, die nach Warengruppe, Alter, Geschlecht, Größe, Farben, usw. sortiert sind. Du hast auch Einfluss auf die Preisgestaltung der Produkte und musst regelmäßige Informationen über Mitbewerber, Trends und Märkte geben können. Wenn du gern und gut Verantwortung übernehmen kannst und immer wieder an neuen Herausforderungen interessiert bist, dann könnte dieser Beruf genau das Richtige für dich sein.

Vor der Kamera:
Den meisten Models fällt es schwer, nach Jahren im Rampenlicht, plötzlich nicht mehr im Mittelpunkt zu stehen und fühlen sich nicht wohl bei einer Arbeit, die sie eher im Hintergrund versteckt. Man gewöhnt sich mit der Zeit einfach daran, dass die anderen am Set „an einem selbst" arbeiten und will dieses Gefühl nicht missen müssen. Auf der anderen Seite, hat man als Model oft nach einer Weile den inneren Drang mehr machen zu können und auch zu wollen, als für Fotos hübsch auszusehen. Das Film- und Fernsehgeschäft ist eine gute Alternative, Neues zu testen und sich selbst herauszufordern.

Moderator/in

Als junge, attraktive Person hast du sehr gute Chancen, bei einem Fernsehsender anzufangen. Es ist zwar unrealistisch, direkt beim besten Sender eingestellt zu werden, aber auch hier gilt: Erfolg ist eine Treppe, keine Tür. Nutze den Vorteil, dass du durch das Modeln weißt, wie man mit der Kamera umgeht und achte darauf, dass du die Moderation für seriöse Formate übernimmst und nicht nur das Schmuckstück der Sendung bist, das die Einschaltquoten erhöhen soll. Frage deine Agentur, ob sie passende Kontakte zum Fernsehen oder zu Moderationscoaches hat und bewirb dich selbstständig mit Videomaterial bei Sendern und Shows. In fast jeder Stadt gibt es außerdem Rhetorikgruppen denen du dich anschließen kannst. Dort lernst und übst du, vor anderen über verschiedene Themen zu sprechen und dich in verschiedenen Situationen passend zu artikulieren.

Schauspieler/in

Ich selbst (und viele andere Models) hatte nach einer Weile das Gefühl, mehr zu können und auch mehr machen zu wollen, als vor der Kamera gut auszusehen und für Bilder oder auf dem Laufsteg zu posieren. Zwar ist man als Model hoch angesehen, aber nach geraumer Zeit fehlen einem neue Herausforderungen und Ziele. Daher versuchen viele Models sich eine Zweitkarriere als Schauspieler aufzubauen. Dass man beim Modeln verschiedene Emotionen zeigen und können muss bedeutet aber nicht, dass man automatisch auch ein Talent für die Schauspielerei besitzt. Es ist deutlich schwieriger, vor laufender Kamera vorgegebene Szenarien überzeugend zu spielen, als einen Gesichtsausdruck für ein Foto zu verändern. Viele unterschätzen das Können, das man als Schauspieler mitbringen muss. Als selbst überzeugte Prinzessin, welche nur die Hübsche sein und spielen möchte, kommt man hier nicht weit. Als Actor/Actress muss man sehr vielseitig sein und alle Seiten von sich zeigen können, auch wenn das bedeutet, dass man für eine Rolle monatelang ungeschminkt und mit verschmutzer Kleidung vor der Kamera steht, weil das Drehbuch es so vorgibt. Um eine Rolle gut zu spielen, musst du dich selbst und deine Emotionen sehr gut kennen und kontrollieren können. Wenn dir das schwer fällt, kann dir Schauspielunterricht sehr gut dabei helfen. Dort lernst du, dich nicht vor dir selbst zu schämen, aus dir herauszukommen, dich fallen zu lassen und verschiedene Situationen realitätsnah und überzeugend zu spielen. Oftmals kann es auch schwierig werden, Realität und Schauspiel auseinanderzuhalten, da die Emotionen verrückt spielen, wenn man über einen längeren Zeitraum „jemand anderes" ist. Ob und wie du damit umgehen kannst, musst du selbst herausfinden. Wenn du eine Schauspielkarriere anstrebst, dir aber noch keinen Schauspielunterricht oder keine Privatschule leisten kannst, empfehle ich dir einer Theatergruppe beizutreten und einzelne Actor-Kurse zu besuchen, welche es günstig in vielen Standorten Deutschlands gibt. Zwar gibt es einige bekannte Hollywood-Stars wie beispielsweise Cameron Diaz, Brooke Shields oder Uma Thurman, die in jungen Jahren modelten und dann in die Filmbranche umstiegen, aber dennoch ist es sehr schwierig als Model in der Filmwelt Fuß zu fassen, da du dich erst vor vielen Kritikern unter Beweis stellen musst, die dich zunächst nur als hübsches Model und nicht als „mehr" sehen. Des Weiteren darfst und solltest du nicht mehr jeden Modelauftrag annehmen, da manche deiner Schauspielkarriere eher schaden können, statt diese zu pushen.

Foto: Shot by munyendo

14. Das Modellexikon – Fachbegriffe, die du kennen musst

Agenturprovision
Für vermittelte Aufträge erhält deine Modelagentur als Gegenleistung für Service und Verwaltung eine vertraglich vereinbarte Agenturprovision (AP). In der Regel liegt diese zwischen 20-25% der Gage, in Modemetropolen anderer Länder teilweise zwischen 50-70%.

Booker
Der Booker einer Modelagentur ist der direkte Ansprechpartner eines Models. Er generiert Kontakte für Jobs und pflegt sie, schlägt Kunden je nach Vorstellung verschiedene Models vor und ist verantwortlich für den gesamten Ablauf einer Buchung.

Buyout
Mit einem Buyout kauft ein Kunde das Recht, das Model als Werbung für seine Produkte oder Dienstleistungen in verschiedenen Medien (Zeitung, Plakate, Internet), in einem Land, für einen bestimmten Zeitraum zu präsentieren. Je größer die Reichweite des jeweiligen Mediums ist, desto mehr Geld erhält man. Das Model profitiert also nicht nur von der Verbreitung der Bilder oder Werbespots, sondern erhält zusätzlich auch noch Honorar für Arbeit, die es lange zuvor geleistet hat und für die schon einmal bezahlt wurde.

Callback
Ein Callback ist ein Rückruf im Anschluss an ein Casting. Als Model wird man also nochmals zu einem zweiten Termin gebeten und ist damit in der engeren Auswahl für den Job. Zu Callbacks werden meist mehrere Models von ver-

schiedenen Agenturen eingeladen, um einen direkten Vergleich zu haben.

Casting
Wenn ein Auftraggeber ein Model für eine Fotostrecke, einen Werbespot oder eine Runway-Show sucht, veranstaltet dieser ein Casting und kontaktiert hierfür Modelagenturen.
Fast alle Mädchen (oder Jungs), die von den kontaktierten Agenturen vertreten werden, erscheinen zu diesem Termin, wenn der jeweilige Kunde noch nicht weiß, welchen Typ Model er gerne für den Job hätte. Es gibt jedoch auch sogenannte „Special-Request"- Castings. Kunden haben in diesem Fall eine exakte Vorstellung des Models und fragen daher nur diesen Typ bei Agenturen an.

Close-Up
Das Close-Up ist eine Nahaufnahme des Gesichts und dient dazu, die Gesichtszüge eines Models sehr gut darzustellen. Unterschieden wird zwischen dem klassischen Close-Up ,bei welchem der Bereich vom Kopf bis zur Schulter fotografiert wird, sowie dem extreme Close-Up, welches sich nur auf bestimmte Partien des Gesichts richtet. So werden beispielsweise für Pflegeprodukte oftmals nur Details des Gesichtes (wie beispielsweise die Lippen) in Szene gesetzt.

Cover
Die Titelseite eines Magazins wird auch Cover genannt. Jedes Model träumt davon, dieses mindestens einmal im Laufe der Karriere zu zieren, da dies als größter Karriere-Booster gilt, weil sich der Bekanntheitsgrad durch die Verbreitung des Magazins enorm erhöht und man dadurch künftig höhere Gagen verlangen kann.

Cuttings
Modelagenturen sammeln jede Referenzen, wie z.B. Fotos jedes Auftrags und jegliche Veröffentlichungen, eines Models in einem Buch oder einer Mappe. Die Cuttings dienen dazu, anderen zu zeigen für wen das Model schon gearbeitet hat um damit neue Kunden zu gewinnen.

Direct Booking
Bei einem Direct Booking erhält das Model direkt einen Job, obwohl der Kunde es noch nicht zuvor bei einem Casting oder Go&See zu Gesicht bekommen hat. Er vertraut in diesem Fall darauf, dass das Model in Wirklichkeit so aussiehst wie auf den Fotos und Polaroids, die er zuvor gesehen hat.

Dressman
Männliche Models wurden in den 1960er und 1970er Jahren als Dressmen bezeichnet. Heute wird der Begriff nur noch selten verwendet.

Editorial
Editorials sind Fotostrecken, die in Magazinen und Zeitschriften veröffentlicht werden. Ähnlich wie beim Cover, profitiert das Model und dessen Image von der Veröffentlichung und es erhält gut bezahlte Folge-Jobs.

Exklusivvertrag
Nach unterzeichnen eines Exklusivvertrags verpflichtet sich das Model dazu, keine Verträge mit anderen Unternehmen einzugehen. Kunden nutzen dabei das Image des Models zur Wiedererkennung der Marke und zahlen dafür sehr hohe Gagen, wodurch wiederum eine Marktwertsteigerung des Models herbeigeführt wird. Auch Modelagenturen schließen Exklusivverträge ab. Dadurch erhält das Model die

Chance, die Karriere mit intensiver Förderung aufzubauen, solange es sich um eine renommierte Agentur handelt.

Final Rehearsal
Die Generalprobe einer Modenschau, die zum reibungslosen Ablauf benötigt wird. In der Regel werden hier keine Änderungen mehr vorgenommen.

Fitting
Vor Fotoshootings und Laufstegjobs muss das Model meist zu einer Anprobe des Outfits erscheinen, das sogenannte Fitting. Dies ist wichtig, damit die Kollektionen rechtzeitig auf das betreffende Model zugeschneidert oder abgeändert werden können. In sogenannten Showrooms gibt es außerdem Fitting-Models.

Go&See
Beim „gehen und sehen" wird ein Model zu einem Kunden oder zu einer Modelagentur eingeladen um sich vorzustellen. Das ist aber nicht vergleichbar mit einem Casting, da nicht hunderte von Models anwesend sind und man dementsprechend auch nicht lange warten muss. GoSees können zu späteren Buchungen oder zur Aufnahme in eine Modelagentur führen.

Honorar
Das Honorar bezeichnet die Bezahlung eines Models. Je mehr Erfahrung das Model hat und je bekannter und exklusiver dessen Image ist, desto höher ist auch das Honorar. Wer Talent und die richtigen Maße, sowie eine gute Einstellung mitbringt, kann mit harter Arbeit in diesem Beruf durchaus ein kleines Vermögen anhäufen. Dennoch ist die Zahl der Großverdienerinnen überschaubar und man muss fast immer klein anfangen, bevor das Geld fließt. Viele Fak-

toren spielen beim Einkommen eine Rolle, sodass die Gagen nicht konkret eingegrenzt werden können.

Moodboard
Die, im deutschen genannte „Stimmungstafel" hilft bei der Entwicklung eines Konzepts, zum Beispiel von einer Fotostrecke in einem Modemagazin. Auf dem Moodboard werden unterschiedliche Inspirationen gesammelt. Das können Bilder, Texte, Zeichnungen oder sonstige Materialien sein, welche dazu dienen eine bestimmte Atmosphäre spürbar zu machen und somit einen Gesamteindruck der Idee zu gewinnen.

Mutteragentur
Eine Mutteragentur ist eine Modelagentur, die ein Model exklusiv vertritt. Das bedeutet, dass das Model bei keiner anderen Agentur unter Vertrag ist bzw. wenn es bei einer anderen Agentur platziert werden möchte, dafür das Einverständnis der Mutteragentur einholen muss. Durch das exklusive Verhältnis hat sie das Recht, eine Platzierung im Inland, besonders in der gleichen Stadt, zu untersagen. Die Mutteragentur baut das Model auf, platziert es international, organisiert Castings und Go&Sees und investiert in die benötigten Arbeitsmaterialien. Kooperationen mit ausländischen Agenturen sind besonders von wirtschaftlichem Interesse, da bei jeder erfolgreichen Buchung durch die Kooperationsagentur die Mutteragentur 10% Commission Fee erhält. Außerdem werden Models mit viel Erfahrung im In-/und Ausland für den internationalen Markt interessanter und erhalten somit mehr Aufträge.

Alles rund um das Thema „Modeln im Ausland" erfährst du online in der Modelversity.
(www.modelversity.de)

New Face
Neuanfänger ohne Erfahrung werden auch New Faces genannt. Meist sind sie auf Agenturwebseiten in einer gesonderten Kategorie zu finden, um ihnen zügig die ersten Jobs zu ermöglichen. Es werden Testshootings organisiert und die Bilder werden anschließend an Partneragenturen oder Kunden gesendet, damit schnellstmöglich eine abwechslungsreiche Sedcard, sowie ein Modelbook erstellt werden kann.

On Stay
Der Aufenthalt eines Models in einer anderen Stadt um neue Kunden zu gewinnen, wird auch als On Stay bezeichnet. Dieser Aufenthalt wird von der Modelagentur organisiert und dauert meist mehrere Wochen bis Monate. Oft handelt es sich dabei um einen Auslandsaufenthalt in Kooperation mit einer Partneragentur. Junge Models und Nachwuchstalente sollen dabei Erfahrungen in der Modewelt sammeln und leben gemeinsam in einer WG.

Option
Ein Kunde bucht eine Option, wenn das Model in der engeren Auswahl ist, der Auftraggeber aber noch nicht weiß, ob er es sicher buchen möchte. Dennoch will er sichergehen, dass das Model sich den Tag freihält und zur Verfügung steht.Wenn man eine Option bestätigt, ist das eine verbindliche Zusage. Ab diesem Moment rechnen Agentur, Kunde und Projekt-Produktion mit dem Model. Die Option löst sich erst, wenn sie von der Agentur freigegeben oder bestätigt wird.

Overtime
Falls das Model länger arbeitet, als der Zeitraum für welches es gebucht wurde, werden Überstunden ab einer Überschreitung von 30 Minuten gezahlt. Um spätere Missver-

ständnisse zu vermeiden, sollte die Modelagentur immer vom Model darüber informiert werden, ob und wie lange überzogen wurde.

Polaroids
Polaroids (auch Polas) stehen in der Modelbranche für unverfälschte, unbearbeitete und sehr natürliche Fotos eines Models. Für diese Bilder wird man ungeschminkt, in Unterwäsche oder hautenger Kleidung vor einem neutralen Hintergrund mit einer Digital- oder Handykamera fotografiert. Polas werden Kunden gesendet, um zu zeigen wie das Model aktuell aussieht, wie es ohne Bearbeitung von Körper und Gesicht wirkt und um einen realistischen Gesamteindruck zu gewinnen. Diese Bilder sind wichtig, da die Sedcard und das Modelbook, das Model meist extrem geschminkt, gestylt und retuschiert darstellen.

Portfolio
Das Fotobuch (auch Portfolio oder Modelbook genannt), zeigt die besten Bilder eines Models und dient dem Nachweis von Referenzen. Jedes Model sollte dieses in Druckform, sowie digital für Onlinebewerbungen besitzen. Kunden gewinnen durch das Book einen Eindruck und können sich somit besser zwischen mehreren Models entscheiden. Die Bilder darin, sollten möglichst abwechslungsreich sein und verschiedene Facetten zeigen.

Scouts
Ein Modelscout arbeitet in der Regel frei für eine Modelagentur und ist ständig auf der Suche nach neuen Models. Egal ob beim einkaufen oder in der Diskothek. Ein Scout hält rund um die Uhr Ausschau und spricht junge Mädchen und Jungs direkt an, wenn sie dem „gefragten Typ" entsprechen. Im Gegenzug erhält er entweder eine vorab vereinbarte Ablöse für Neuentdeckungen, oder einen der Teil der

Provision, wenn das Model Jobs ergattert. Leider geben sich viele schwarze Schafe im Internet als Modelscouts aus, arbeiten aber in Wirklichkeit gar nicht für eine Agentur. Lass dir also immer genügend Nachweise liefern, wenn ein vermeintlicher Scout dich anspricht.

Sedcard
Die Sedcard ist die Visitenkarte eines jeden Models, denn sie vermittelt den aller ersten Eindruck. Sie zeigt auf der Vorderseite ein Potraitfoto mit dem Namen und auf der Hinterseite eine kleine Auswahl der besten Bilder (meist 4 Stück), Informationen über das Model, wie Brust- , Taillen- und Hüftumfang, Schuh- und Körpergröße, Haar- und Augenfarbe, sowie die Kontaktdaten der Agentur.

Showreel
Jedes Model sollte nach einer gewissen Zeit ein „Showreel" (auch: Demoband) von sich besitzen. Das ist ein Video, welches zeigt, wie das Model vor laufender Kamera wirkt, wie es sich bewegt und welche verschiedenen Emotionen es dabei vermitteln kann. Ein gutes Showreel dauert meist ein bis zwei Minuten und stellt die Persönlichkeit des Models dar, ohne dass es etwas darüber sagen muss.

Showroom
Sogenannte Showrooms sind Verkaufsräume von Marken oder Designern, in welchen sie ihre Entwürfe den Einkäufern von Boutiquen oder Kaufhäusern vorstellen. Die neuen Kollektionen werden einem kleineren Kreis wichtiger Kunden gezeigt und diese können sich anschließend entscheiden, ob sie die Ware kaufen oder nicht. Es gibt also weder einen Laufsteg, noch ein öffentliches Publikum.

Tearsheet
Ein Tearsheet ist die herausgerissene Seite eines Magazins, die ein Model dem Book hinzufügt, um dies als Referenz vorzuweisen. Ein professionelles Model hat vorwiegend Seiten von Zeitschriften in seinem Buch, idealerweise natürlich Cover.

TFP-Shooting
Die Abkürzung TFP steht für „Time for prints". Das bedeutet, dass weder der Fotograf, noch das Model oder sonstige Teammitglieder ein Honorar erhalten, sondern ihre Zeit „opfern", um die entstandenen Bilder als Referenz für sich selbst zu nutzen. Vor allem als Newface hat man viele TFP-Shootings, um ein möglichst abwechslungsreiches Modelbook schnell aufzubauen.

Velma
Die sogenannte Velma ist ein Verband lizensierter Modelagenturen. Da die Vermittlung von Models ein besonders sensibler Bereich ist und es in diesem Business viele schwarze Schafe gibt, sollte ein angehendes Model sich von der Seriosität einer Agentur unbedingt überzeugen. Alle Velma-Mitglieder sind einer seriösen, verantwortlichen und qualifizierten Fotomodelvermittlung verpflichtet.
(www.velma-models.de)

15. Die Schritt für Schritt Anleitung

Hinter dir liegen nun 12 Kapitel voller Informationen, Tipps, Tricks und Inspirationen, um deine Karriere als Model richtig zu starten. Zum Abschluss habe ich dir hier noch einmal kurz und knapp zusammengefasst, welche Schritte es dir ermöglichen ein erfolg*reich*es Model zu werden und deinen Traum zu verwirklichen.

1. Vergiss alles, was du bisher über Models gehört hast!
Du musst nicht 180cm groß sein, den Körper eines Victoria Secret Engels haben und darauf hoffen, auf der Straße angesprochen zu werden, um als Model arbeiten zu können. Egal wie klein, groß, dick oder dünn du bist – Jeder kann in dieser Branche einen Platz für sich finden. Auch du.

2. Finde deinen persönlichen „Place to be"!
Um in dieser Branche Erfolg zu haben, musst du entweder in ganz vielen Kategorien eingesetzt werden können und möglichst viele Bereiche abdecken, oder das Gesicht einer ganz bestimmen Nische werden, auf die du dich spezialisierst. Erst wenn du weißt wo du hingehörst, kannst du die Sache richtig angehen.

3. Geh den ersten Schritt in die richtige Richtung!
Ohne das passende Management wird es schwierig als Model zu arbeiten. Informiere dich gründlich über Modelagenturen die für dich in Frage kommen, prüfe sie mithilfe meiner Tipps auf ihre Seriosität und bewirb dich richtig bei ihnen. Oder du entscheidest dich dafür, es als Freelancer zu probieren und bewirbst dich bei Künstlerdiensten, nimmst an Castingevents teil oder beginnst dich selbst online zu vermarkten.

4. Kein Book ohne Bilder – Beginne Fotos zusammeln!
Wenn du Schritt 3 erfolgreich gemeistert hast, dauert es nicht mehr lange bis zu deinem allerersten Fototermin. Entweder du erhälst diesen über deine Modelagentur oder du hast das professionelle Shooting bei einem Fotografen selbst gebucht. Wenn die Ergebnisse da sind, solltest du gemeinsam mit deinem Booker (Wenn du durch eine Agentur vertreten wirst) oder allein die Bilder auswählen die der Beginn deines eigenen Modelbuchs sind. Danach solltest du dich um weitere Fototermine kümmern, damit du mehr und abwechslungsreichere Fotos von dir besitzt.

5. Sieh andere nicht als Konkurrenz, sondern als Hilfe!
Konkurrenzdenken ist in diesem Geschäft zwar normal, bringt dir aber nicht viel. Kontakte sind fast nirgends wichtiger, als in der Model- und Modewelt. Versuche auf keinen Fall andere Models schlecht zu machen, um ihren Platz einzunehmen, sondern profitiere von den Erfahrungen anderer. Kontakte zu knüpfen hilft dir, jeden Tag einen Schritt höher auf der Karriereleiter zu klettern. Das gilt nicht nur für Modelkolleginnen, sondern auch für Fotografen, Stylisten, Makeup-Artisten und allen weiteren Menschen, denen du am Set begegnest. Respektiere die Arbeit anderer, greif ihnen unter die Arme und du wirst sehen, dass sie jederzeit bereit sind auch etwas Gutes für dich zu tun.

6. Akquiriere viele Aufträge!
Ergattere möglichst viele Jobs indem du deine Sedcard, dein Modelbook und deine Online-Präsentation ständig erneuerst (bzw. auffrischen lässt), dich auf viele Jobs bewirbst und so häufig wie möglich Castings besuchst. Je mehr du selbst bereit bist zu arbeiten, desto besser werden die Ergebnisse und somit auch dein Verdienst sein.

7. Achte auf ein gepflegtes Äußeres & deine Gesundheit!
Egal wie schön eine Frau ist – Wenn sie sich gesundheitlich nicht wohl fühlt, mit sich selbst unzufrieden ist oder sie etwas bedrückt, dann sieht man das. Jeder Mensch besitzt eine Ausstrahlung die durch diese Dinge beeinflusst wird. Kümmere dich um deine äußere Erscheinung, gönne dir genügend Pflege und bekämpfe den stressigen Alltag mit Sport, ausgewogener Ernährung und einer großen Portion purer Entspannung.

8. Sei unverkennbar!
Nach einer Weile im Geschäft weißt du genau, welche Aufträge du am liebsten annimmst, welche Jobs dir am meisten Spaß machen und was Kunden besonders an DIR mögen. Nutze diese Erfahrung um dir ein ganz persönliches Image aufzubauen, das dich von anderen Models unterscheidet. Habe den Mut, anders zu sein und durch besondere Merkmale aus der Masse zu stechen. Erst wenn du unverkennbar und unersetzbar bist, wird man dich in der Branche nicht mehr missen wollen.

9. Lass dich nicht aus der Bahn werfen!
Das Modelbusiness ist ein hartes Pflaster. Nirgends wird man so schnell ersetzt und hat so wenig persönlichen Wert, wie in dieser Branche. Lass dich von anderen nicht runterziehen, steigere dich nicht in Streitigkeiten hinein, hab den Mut auch mal Nein zu sagen und verliere dein Ziel nicht aus den Augen. Neider sind es nicht Wert, Energie zu verschwenden, die man sinnvoller ins Geschäft investieren kann. Sei vorsichtig, vertraue nicht jedem blind und höre auf deine innere Stimme, dann kann dir nichts mehr im Wege stehen.

10. Bleib dir selbst treu, kenne deinen Wert und nutze jede Chance!
Wichtig ist, dass du dich selbst in dieser Traumwelt nie verlierst. Vergiss nie woher du kommst und wer die Menschen sind, die dich am meisten unterstützen (Familie, Freunde, Partner). Verkaufe dich nicht um jeden Preis ‚sondern bleibe Herr über deinen eigenen Willen, auch wenn manche Angebote sehr verlockend sind. Nutze so viele Chancen wie nur möglich und profitiere von den Kontakten und Verdiensten, die du während deiner Karriere sammelst. Hast du schon mal daran gedacht, eine eigene Beautylinie zu entwerfen? Eine Boutique zu eröffnen oder anderen Menschen etwas beizubringen, worin du besonders gut bist? Egal welche Geschäftsidee dir im Kopf herumschwirrt, es ist als Model genau dann der beste Weg diese umzusetzen, wenn du dir einen Namen gemacht hast und über alle nötigen Mittel verfügst, deinen Traum endlich in die Realität umzusetzen. Außer du möchtest das gar nicht! Dann genieße weiterhin die Zeit vor der Kamera und lass dich von der Zukunft einfach überraschen.

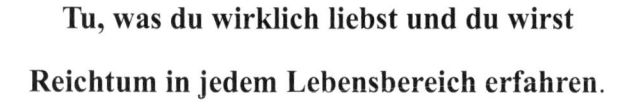

_____ ♥ _____

Tu, was du wirklich liebst und du wirst

Reichtum in jedem Lebensbereich erfahren.

16. Dankeschön

Es ist für mich sehr aufregend, in diesem Moment vor meinem Laptop zu sitzen und die letzten Worte in meinem Schreibprogramm zu tippen, denn ich kann nur schwer realisieren, dass ich bald mein erstes Buch in den Händen halten werde und sich die lange, schöne, anstrengende und abwechslungsreiche Phase des Schreibens dem Ende neigt.
Auf den letzten Seiten möchte ich mich bei all denjenigen bedanken, die mich vor und auch während diesem Prozess durch Freundschaft, Liebe, Zusammenarbeit, Tipps, Zuhören, Trösten, durch Inspiration und Motivation unterstützt haben.
Meinen Eltern, Ramona und Giuseppe, ohne die ich heute nicht die junge, selbstbewusste, starke Frau wäre, die ich bin. Euch danke ich nicht nur für die passenden Gene, sondern insbesondere für eure Liebe und Unterstützung. Dafür, dass ihr immer stolz auf mich seid, an meine Talente und Entscheidungen glaubt, egal wie verrückt meine Träume auch sind.
Meinem Bruder und Geschäftspartner Ron, ohne den die Umsetzung dieses Buches und der Modelversity nicht möglich gewesen wäre. Ich danke dir für die tolle Zusammenarbeit, nicht nur im Bezug auf unser Unternehmen, sondern auch für alle anderen Projekte, die wir gemeinsam angepackt haben und noch gemeinsam anpacken werden. Nicht viele Geschwister haben das Glück, sich so bedingungslos zu lieben und zu unterstützen, wie wir es tun. Ich bin unglaublich stolz, dich meinen Bruder nennen zu dürfen.
Meinen besten Freundinnen Gloria und Melanie. Ihr seid seit Tag eins an meiner Seite und es gibt nichts, worin ihr mich nicht unterstützt. Egal ob privat oder beruflich, ihr seid nie von meiner Seite gewichen und habt es als einzige Personen immer geschafft mich zum Lachen zu bringen,

auch wenn mir mal nicht danach war. Im Leben gibt es nur wenige wahre Freunde und ihr seid definitiv welche davon. Unsere Freundschaft ist etwas ganz besonderes und ich möchte sie nie missen müssen. Danke für alles.

Meinem guten Freund Aleks. Danke, dass du seit Beginn ein Teil dieses Buches bist, auch wenn wir uns zwischenzeitlich aus den Augen verloren haben. Danke, dass du mich immer unterstützt wo du nur kannst, sofort zur Stelle bist, wenn ich Hilfe benötige und meine Launen während dem Schreiben dieses Buches ertragen hast. Ohne die Erfahrungen, die wir beide geschäftlich und auch privat im Modelbusiness gemacht haben, wäre mein erstes Buch nicht das, was es jetzt ist.

Meinen engsten Freunden: Abdula, Nayla, Bella und Maximilian. Ich bin überglücklich, euch als Freunde zu haben. Danke, dass ihr immer für mich da seid, mir mein Leben versüßt, mit mir durch dick und dünn geht, mich motiviert wenn ich mal keine Lust habe und mich nie vergessen lasst, dass wahre Freundschaft das wertvollste ist was man erleben kann.

Ich möchte mich auch bei allen Fotografen und Kunden bedanken, die immer gern mit mir zusammengearbeitet haben, auch wenn ich zu Beginn nur wenig Erfahrung und Referenzen vorlegen konnte. Ihr habt mir vieles ermöglicht und seid (vielleicht wenn auch nur unbewusst) ein großer Teil meiner beruflichen und persönlichen Entwicklung.

Ein rießiges Dankeschön widme ich zu guter letzt Dir. Ohne deine Unterstützung wäre das alles nicht möglich. Vielen Dank, dass du mich mit deinem Kauf, nicht nur finanziell, sondern auch persönlich für viele weitere Projekte unterstützt und hinter meiner Arbeit stehst. Wenn ich einen schlechten Tag habe, lese ich mir oft Briefe und Nachrichten von Followern durch, denke daran, wie viele wundervolle Menschen es gibt, die mich so lieben wie ich bin und fühle mich anschließend direkt besser. Es ist schön deinen

Rückhalt zu spüren und ich hoffe ich konnte dir mit meinem ersten Buch mindestens genau so viel zurückgeben.

Um auch weiterhin mit mir im Kontakt zu bleiben, kannst du mich gerne jederzeit auf **www.fabiola-giunco.de** besuchen und kontaktieren.

Ich würde mich ebenfalls sehr darüber freuen wenn du über meine sozialen Kanäle aktiv mit mir in Verbindung bleibst:

Instagram: www.instagram.com/fabiolagiunco
Facebook: www.facebook.com/fabiolagiuncoofficial
Youtube: www.youtube.com/FabiFantastic1
Snapchat: fabiolagiunco

Alles Gute und viel Erfolg für die Zukunft wünscht dir,
deine Fabiola Giunco

17. Dein nächster Schritt

Es freut mich, dass du mein Buch „Flash Baby" komplett durchgelesen hast! Ich hoffe dir hat mein Buch gefallen und dass ich viele deiner Fragen beantworten konnte.
Hole dir jetzt deinen Zugang zu meinem Online-Programm Modelversity, damit ich dich weiterhin auf deinem Weg zum erfolgreichen Model begleiten kann.

Du wirst in meinem Video-Kurs viele Inhalte meines Buches vertiefen können und neue Themen, wie zum Beispiel das Laufsteg-Coaching, Posing-Ideen und vieles mehr entdecken. Außerdem erhälst du Zugriff auf alle Checklisten, wichtige Kontaktadressen und Vertragsmuster, die du für deine Arbeit als Model brauchst.
Du wirst mit Hilfe meines Buches „Flash Baby" und meinem Online Programm „Modelversity" bereits in wenigen Wochen ein erfolgreiches Model sein.

Melde dich jetzt für mein kostenloses Coaching an oder sichere dir gleich den Zugang zum Mitgliederbereich der Modelversity.
Ich freue mich, dich gleich im Mitgliederbereich wieder zu sehen und wünsche dir auf deinem Weg zum erfolgreichen Model alles Gute.

> Besuche jetzt meine Webseite und melde dich für das kostenlose Coaching an oder sichere dir gleich deinen Zugang zum Mitgliederbereich:

www.modelversity.de

Deine Notizen:

Deine Notizen:

15627481R00130

Printed in Poland
by Amazon Fulfillment
Poland Sp. z o.o., Wrocław